Educação especial

COLEÇÃO EDUCAÇÃO NA UNIVERSIDADE

CURRÍCULOS *Marlucy Alves Paraíso*
EDUCAÇÃO DE JOVENS E ADUTOS *Roberto Catelli Jr.*
EDUCAÇÃO ESPECIAL *Jáima Pinheiro de Oliveira*
EDUCAÇÃO INFANTIL *Lívia Fraga Vieira* e *Mônica Correia Baptista*
FILOSOFIA DA EDUCAÇÃO *Ronai Rocha*
GESTÃO DA EDUCAÇÃO *Iracema Santos do Nascimento*
POLÍTICAS EDUCACIONAIS *Carlos Roberto Cury* e *Zara Figueiredo Tripodi*
PSICOLOGIA EDUCACIONAL *Maria de Fátima C. Gomes* e *Marcelo Ricardo Pereira*

Conselho da coleção
José Sérgio Fonseca de Carvalho – USP
Marlucy Alves Paraíso – UFMG
Rildo Cosson – UFPB

Proibida a reprodução total ou parcial em qualquer mídia
sem a autorização escrita da editora.
Os infratores estão sujeitos às penas da lei.

A Editora não é responsável pelo conteúdo deste livro.
A Autora conhece os fatos narrados, pelos quais é responsável,
assim como se responsabiliza pelos juízos emitidos.

Consulte nosso catálogo completo e últimos lançamentos em **www.editoracontexto.com.br**.

Jáima Pinheiro de Oliveira

Educação especial

FORMAÇÃO DE PROFESSORES
PARA A INCLUSÃO ESCOLAR

Copyright © 2022 da Autora

Todos os direitos desta edição reservados à
Editora Contexto (Editora Pinsky Ltda.)

Foto de capa
Isabella e Zsa Fischer em Unsplash

Montagem de capa e diagramação
Gustavo S. Vilas Boas

Preparação de textos
Lilian Aquino

Revisão
Daniela Marini Iwamoto

Dados Internacionais de Catalogação na Publicação (CIP)

Oliveira, Jáima Pinheiro de
Educação especial : formação de professores para a inclusão
escolar / Jáima Pinheiro de Oliveira. –
1. ed., 2ª reimpressão. – São Paulo : Contexto, 2024.
128 p. (Coleção Educação na universidade)

Bibliografia
ISBN 978-65-5541-202-4

1. Educação especial 2. Educação inclusiva 3. Pegadogia
I. Título II. Série

22-4815   CDD 371.90981

Angélica Ilacqua – Bibliotecária – CRB-8/7057

Índice para catálogo sistemático:
1. Educação especial

2024

EDITORA CONTEXTO
Diretor editorial: *Jaime Pinsky*

Rua Dr. José Elias, 520 – Alto da Lapa
05083-030 – São Paulo – SP
PABX: (11) 3832 5838
contato@editoracontexto.com.br
www.editoracontexto.com.br

Sumário

Apresentação......7

Capacitismo e os modelos
de compreensão sobre deficiência......11

O público-alvo da educação especial......25

Transtorno do espectro autista
e deficiência intelectual......35

Dispositivos legais para organizar
uma escola inclusiva......51

A formação em Pedagogia
no contexto da inclusão escolar......71

O atendimento
educacional especializado (AEE)......89

Desenho universal para a aprendizagem,
acessibilidade e tecnologia assistiva......101

As práticas colaborativas na escola......115

A autora......127

Apresentação

Uma das maiores demandas da área de Educação hoje é, sem dúvida, compreender as temáticas que estão vinculadas direta ou indiretamente a uma proposta de educação inclusiva, expressão utilizada para se referir ao direito à educação de qualidade que os mais diferentes grupos sociais, historicamente excluídos da escola, possuem. Quando falamos de educação inclusiva, estamos nos remetendo a um movimento filosófico e político mundial que prioriza: o acesso à educação, a participação em atividades propostas pela escola e, fundamentalmente, a garantia do aprendizado.

Nesse contexto, estão inseridas também as discussões sobre a inclusão escolar, expressão adotada aqui para se referir ao processo de escolarização de sujeitos que fazem parte do chamado público-alvo da educação especial, em escolas regulares, nas salas comuns. Esse público é constituído hoje por: pessoas com deficiência, pessoas com transtorno do espectro autista (TEA) e pessoas com altas habilidades e/ou superdotação. A especificação desse público foi reiterada, ao longo das últimas três décadas, em documentos relacionados à educação especial, principalmente na atual *Política Nacional de Educação Especial na Perspectiva de Educação Inclusiva*, publicada em 2008. Por ter sido publicada em 2008, a Política Nacional traz essa nomenclatura da seguinte forma: "aqueles com deficiência, transtornos globais de desenvolvimento e com altas habilidades/superdotação". No entanto, desde 2013, os transtornos globais do desenvolvimento (TGD) foram integrados ao diagnóstico de transtornos do espectro autista (TEA) pela Associação Americana de Psiquiatria (APA); por isso, ao longo do livro, optei por utilizar essa nomenclatura atual.

A compreensão desse e de outros conceitos ajuda a fornecer suportes fundamentais a essa escolarização e viabilizar, de maneira justa e satisfatória, a efetivação do direito que essas pessoas possuem de estudar na rede regular de ensino, garantido na legislação nacional há décadas.

Por isso, é de extrema importância um material didático que proporcione um conhecimento básico sobre aspectos envolvidos nesse processo e essa é a proposta deste livro, que tem como foco, portanto, o processo de inclusão escolar.

Ao longo desta obra, os leitores encontrarão temas que fundamentam as principais discussões no campo da educação especial, com destaque para: capacitismo, concepções e conceitos sobre deficiência; aspectos históricos do processo de escolarização das pessoas com deficiência no nosso país; dispositivos legais que fornecem suporte para a organização de uma escola com perspectiva inclusiva; e discussões atuais relacionadas aos suportes necessários para os casos que possuem especificidades a serem consideradas ao longo da escolarização.

O capítulo "Capacitismo e os modelos de compreensão sobre deficiência" apresenta uma noção geral sobre capacitismo e, partir desse conceito, busca desconstruir aspectos relacionados à discriminação de pessoas com deficiência e expor os motivos pelos quais o processo de escolarização dessas pessoas deve acontecer na escola regular, em sala comum, fundamentalmente, respeitando o direito que todos possuem à educação.

No capítulo "O público-alvo da educação especial", foram indicados os sujeitos que fazem parte desse grupo a quem se destina a educação especial, considerando aspectos atuais dessa nomenclatura e aqueles presentes em documentos que definiram esse público-alvo ao longo da construção de políticas públicas voltadas para a inclusão escolar.

No capítulo "Transtorno do espectro autista e deficiência intelectual", dando continuidade ao capítulo anterior, foram destacadas duas condições que, sem dúvida, têm sido muito prevalentes na escola: o transtorno do espectro autista (TEA) e a deficiência intelectual (DI). É necessário falar sobre aspectos históricos envolvidos no diagnóstico de deficiência intelectual, tão presente ainda nas escolas, infelizmente.

No capítulo "Dispositivos legais para organizar uma escola inclusiva", é destacado um arcabouço legislativo e de diretrizes nacionais que fornecem suporte para a construção de uma escola com perspectiva inclusiva. Para um ponto de vista mais prático, são citados alguns desses documentos com suas implicações no dia a dia das escolas.

No capítulo "A formação em Pedagogia no contexto da inclusão escolar", a Pedagogia ganhou relevo, especialmente por ser responsável pelas etapas iniciais da educação básica e, portanto, por trabalhar com crianças. Existem outros campos de atuação da Pedagogia, claro, mas aqui foi destacado o papel do professor nas etapas iniciais da educação básica, que desempenha ações fundamentais para a promoção da inclusão escolar.

O capítulo "O atendimento educacional especializado (AEE)" apresenta e explora o AEE, destacando aspectos do funcionamento desse serviço de apoio especializado com o qual a escola regular conta. Não custa lembrar que sem esse suporte o processo de inclusão escolar ficaria muito fragilizado. Aqui também destaca-se um dos instrumentos mais importantes que ajudam nesse trabalho, a saber: o Planejamento Educacional Individualizado (PEI) ou Plano de Desenvolvimento Individual (PDI), ambos são sinônimos.

O capítulo "Desenho universal para a aprendizagem, acessibilidade e tecnologia assistiva" foi dedicado aos conceitos que permeiam os princípios do desenho universal para a aprendizagem (DUA), com foco nos aspectos de acessibilidade curricular e, principalmente, naqueles elementos que possibilitam essa acessibilidade, nas suas mais distintas dimensões, eliminando possíveis barreiras que podem impedir o estudante de participar do processo de aprendizagem e de formação humana. Nesse sentido, abordaremos

Educação especial

também conceitos da área de tecnologia assistiva, imprescindíveis para que uma perspectiva inclusiva de escola seja efetivada.

No capítulo "As práticas colaborativas na escola", foram abordadas as ações que dão suporte ao processo de inclusão escolar, principalmente aquelas entre o AEE e a sala comum. Além disso, buscamos mostrar que esse trabalho colaborativo pode ser um ponto fundamental para a formação permanente de professores. Nesse capítulo também foram destacadas algumas possibilidades de assessoria educacional, efetivadas por meio de ações intersetoriais com foco principal na construção de objetivos comuns para aqueles estudantes que possuem demandas específicas, tais como os atendimentos e acompanhamentos das áreas de saúde e assistência social.

Esses conteúdos trabalhados nesta obra com certeza fornecerão uma base fundamental para as discussões vinculadas à educação especial, uma proposta pedagógica da escola regular, ou uma "modalidade de ensino que perpassa todos os níveis, etapas e modalidades, realiza o atendimento educacional especializado, disponibiliza os serviços e recursos próprios desse atendimento e orienta os alunos e seus professores quanto a sua utilização nas turmas comuns do ensino regular", definição explicitada na *Política Nacional de Educação Especial na Perspectiva de Educação Inclusiva*, publicada em 2008.

Desejo que esta leitura incentive professoras e professores a alçarem voos cada vez mais altos rumo à construção de uma educação inclusiva.

Capacitismo e os modelos de compreensão sobre deficiência

O termo *capacitismo* passou a fazer parte do nosso cotidiano nos últimos anos, especialmente na mídia e nas redes sociais. Quando acessamos perfis de redes sociais de pessoas com deficiência que falam sobre isso, descobrimos o quanto ainda usamos e precisamos nos livrar de expressões e atitudes capacitistas.

Por mais carregada de boa intenção que seja a nossa disponibilidade para ajudar uma pessoa cega a atravessar uma rua, por exemplo, se essa atitude não for precedida de uma simples pergunta "você precisa de ajuda?", ela se torna capacitista. Por quê? Porque estou partindo do pressuposto de que o fato de uma pessoa ser cega é motivo suficiente para que ela precise de ajuda e que não pode, em hipótese alguma, executar aquela ação de maneira independente. Contar piadas que envolvam condições de deficiência também é uma atitude capacitista. Inúmeras expressões utilizadas no dia a dia configuram expressões capacitistas, tais como: "você está surdo?", "pra cego ver", "pra surdo ouvir", "dar uma de João sem braço", "fulano parece retardado", "o filho de fulano é autista, mas nem parece", "você é deficiente, mas consegue fazer muita coisa, não é mesmo?", dentre inúmeros outros exemplos.

O objetivo deste capítulo é fornecer uma noção geral sobre esse conceito, traduzido em comportamentos, atitudes e conceitos discriminatórios em relação às pessoas com deficiência. Além disso, o texto aborda alguns modelos de compreensão sobre deficiência, pois é a partir dessa compreensão que nos tornamos habilitados a desconstruir aspectos relacionados ao capacitismo e, principalmente, a entender melhor por que a escolarização de pessoas com deficiência deve acontecer na escola regular, em sala comum. É compreender que esse processo é o respeito a um direito que abrirá outros caminhos para a participação dessas pessoas na sociedade. Este capítulo busca ainda ajudar a entender que ter uma condição de deficiência não significa necessariamente precisar de apoio ou suporte especializado ao longo do processo, assim como existem pessoas que não têm deficiência e precisam de suporte especializado.

O capacitismo não é algo simples de se identificar, não existe um manual que contemple tudo apara evitar ser capacitista. Às vezes, atitudes e ações discriminatórias são construídas socialmente com tal força que podem se tornar – como

> **IMPORTANTE!**
>
> Você sabe o que é capacitismo?
> Capacitismo pode ser entendido como ações, expressões e experiências que implicam exclusão, discriminação e negação de direito às pessoas com deficiência.

diz Sidney Andrade no texto "Capacitismo: o que é, onde vive, como se reproduz?", disponível on-line – uma força invisível capaz de tolher sonhos de uma criança, porque ela pensa que algo nela ou no corpo dela não está de acordo com o que a sociedade espera ou considera como normalidade.

Essa construção social é tão forte que resulta em pensamentos comuns de incapacidade e desigualdade dessas pessoas diante daquelas que não possuem deficiência. E, infelizmente, isso é levado para várias esferas ou dimensões da sociedade e, especialmente, para a escola. No dia a dia, há quem julgue que, se a pessoa tem uma deficiência, ela não é capaz de cuidar de sua própria vida ou de tomar decisões importantes, o que se traduz em uma condição de dependência.

Além dessa visão de incapacidade e de dependência, há também outros tipos de julgamentos que refletem percepções carregadas de

Capacitismo e os modelos de compreensão sobre deficiência

capacitismo. Por exemplo, quando uma pessoa com deficiência desempenha atividades comuns da rotina de casa ou do trabalho e os outros ficam surpresos com isso. Há também os clássicos casos de paratletas que as pessoas julgam como "exemplos de superação". Não se trata de superação, mas sim de treino.

Os exemplos nos ajudam muito a pensar sobre essas situações e, principalmente, em atitudes e percepções que temos. É possível, também, evitar situações constrangedoras, mas é preciso, sobretudo, ser espontâneo. Seja simples: pergunte à pessoa se ela precisa de ajuda, por exemplo. Diga que você não sabe como agir diante de uma pessoa com deficiência. Admita que faz parte de uma sociedade capacitista. Isso facilitará muito uma situação de interação ou um primeiro contato. É importante pensar sobre isso, pois os avanços tecnológicos e a democratização da educação têm proporcionado a chegada dessas pessoas à escola regular, à faculdade, e sua participação na sociedade. Portanto, elas têm convivido mais conosco.

Hoje não é mais possível argumentar que não há intérprete de Libras numa determinada instituição porque não há surdos nela. Ora, o raciocínio deve ser exatamente o contrário. É preciso disponibilizar o profissional para que os surdos frequentem esse local. O mesmo raciocínio vale para cardápios em braile, recursos ou dispositivos de comunicação alternativa, dentre outros, em restaurantes, por exemplo.

Aproveitando essas observações, é necessário destacar que uso sempre a expressão "pessoa com deficiência". E, atualmente, essa é a terminologia mais adequada para se referir a essas pessoas com essa condição. Aliás, esta é outra observação: trata-se de uma condição, e não de uma doença ou algo semelhante. Essa noção é muito recente, em termos históricos. Podemos dizer que ela se tornou mais conhecida, no Brasil, no começo da década de 1980, advinda, principalmente, dos movimentos sociais de pessoas com deficiência, que falaremos adiante.

A expressão "portador de necessidades especiais" deixou de ser utilizada há algum tempo porque o vocábulo "portador" fornece a ideia de que eu carrego algo comigo e que, inclusive, posso deixar "isso" em algum lugar, se for preciso. Trata-se de um enorme equívoco, pois a deficiência

Educação especial

é uma condição permanente. Caso você precise ter acesso a um conceito completo e mais específico da condição de deficiência, sugiro consultar o artigo 2º da Lei Brasileira de Inclusão, publicada em 6 de julho de 2015, que menciona a deficiência como impedimento de longo prazo, de naturezas física, mental, intelectual ou sensorial, que, por sua vez, pode atrapalhar a participação plena e efetiva na sociedade da pessoa em igualdade de condições, caso esse impedimento esteja interagindo com uma ou mais barreiras. Nessa legislação também são especificados os tipos de barreiras mais comuns, tais como as atitudinais, em ações ou expressões capacitistas, por exemplo, e outras, como as barreiras arquitetônicas e de comunicação.

Outras expressões muito comuns e ainda utilizadas em outros países para se referir, também, às pessoas com deficiência são: "necessidades especiais", "necessidades educacionais especiais" ou, ainda, "necessidades educativas especiais" e até "necessidades diversificadas de aprendizagem". Nos lugares em que essas expressões são utilizadas, a exemplo de Portugal e Reino Unido, são englobadas diversas condições que não só as pessoas com deficiência. Mas aqui no Brasil, como a nossa política educacional para a educação especial é específica e voltada para um público específico (público-alvo da educação especial), a maioria dos pesquisadores não utiliza mais essas expressões. Adiante, em um capítulo próprio, abordarei sobre o público-alvo da educação especial e comentarei inclusive por que outras condições, como a dislexia, as dificuldades de aprendizagem, o transtorno de déficit de atenção e hiperatividade (TDAH), dentre outras, não fazem parte desse público nessa legislação da educação especial com perspectiva inclusiva.

Mas voltando ao capacitismo, por que essas percepções e ações de discriminação foram construídas socialmente? Para tentar responder a essa pergunta, passaremos agora a falar dos modelos de compreensão sobre deficiência ao longo da história. Existem vários deles que nos ajudam a compreender esse conceito. Eu destacarei aqui quatro que, na minha opinião, são os principais: o modelo moral ou religioso; o modelo médico ou biomédico; o modelo social e o modelo biopsicossocial ou interacionista. Observe que antes da metade do século XX a expressão *deficiência* ainda não era utilizada e "pessoas com deficiência" é muito recente, conforme pontuei anteriormente.

ANTIGUIDADE E IDADE MÉDIA – MODELO MORAL OU RELIGIOSO

Há poucos estudos sobre a temática de como eram tratadas as pessoas com deficiência em civilizações antigas. Mesmo assim, nos registros que encontramos, há três aspectos muito comuns: o misticismo, o abandono e o extermínio. Nas chamadas culturas primitivas, as dificuldades que algumas dessas pessoas tinham para realizar tarefas específicas traziam como consequência seu abandono ou extermínio, inclusive de crianças. Aqui, é necessário bastante cuidado em relação à interpretação dessas práticas hoje e ao que elas representavam para essas comunidades naquele período histórico. Para grupos nômades, por exemplo, essas ações poderiam se tornar ainda mais comuns, em razão das dificuldades de deslocamento. Em outros grupos, as pessoas com deficiências eram concebidas como seres sobrenaturais e, às vezes, não eram eliminadas do grupo, embora não recebessem nenhum tratamento diferenciado também.

Na chamada Antiguidade Clássica, há relatos que ajudam a compreender essa temática, especialmente relacionados a Esparta, Roma e Atenas. E, nesses registros, o extermínio dessas pessoas continua sendo o que chama mais atenção. Em Esparta e Roma, em razão da organização fortemente militar e do culto à perfeição do corpo, que deveria ser belo e forte, isso era comum. Em Atenas, por sua vez, o extermínio foi reduzido, mas essas pessoas eram colocadas à margem da sociedade, vivendo completamente segregadas e, portanto, abandonadas. Essa atitude teve influência de outras civilizações que acreditavam que a deficiência poderia ser uma marca imposta ao corpo por algum tipo de divindade, como forma de punição por pecados cometidos.

A seguir, destaco algumas expressões utilizadas apenas como tentativa de representar as percepções sobre deficiência presentes nesses períodos. Note, no entanto, que algumas delas estão presentes ainda no mundo contemporâneo.

Na transição do período Antigo para a Idade Média, a influência e difusão da doutrina cristã é muito marcante e, por isso, embora em menor medida, a conotação de pecado permanece. O fato de o cristianismo conceber todas as criaturas como divinas ameniza parte das consequências que essas pessoas sofriam. Mas a deficiência continuava sendo concebida como pecado, e isso ainda fazia com que um dos destinos principais dessas pessoas fossem as chamas da Inquisição para purificação desse pecado. Há registros de que muitas

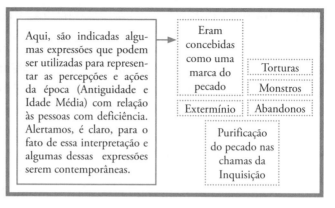

crianças com deficiência e suas mães foram levadas às fogueiras. Somente adiante, com o início das Cruzadas – as guerras santas nas quais os homens se lançavam "em nome de Deus" –, a Igreja, de um modo geral, começou a modificar essa concepção. Quando os soldados voltavam dessas guerras cegos e com mutilações, por exemplo, o argumento de que a deficiência é uma marca do pecado não era mais admissível, já que esses soldados haviam partido sem essa condição para lutar "pela fé". Com essa mudança, algumas igrejas passam a acolher essas pessoas, porém, de maneira segregada e com uma concepção fortemente caritativa.

As Cruzadas duraram aproximadamente dois séculos e, mesmo com as ações de acolhimento, não houve mudanças significativas em relação à percepção de deficiência como marca do pecado, pois as pessoas continuavam a ser eliminadas ou segregadas. No entanto, o acolhimento reduziu os maus-tratos, as torturas e o abandono, aumentando as instituições de caridade, presentes até os dias de hoje.

O MODELO MÉDICO OU BIOMÉDICO

O conceito de saúde, presente em todas as civilizações, também se modifica ao longo dos períodos históricos. O século XVIII trouxe novas abordagens, permitindo relacioná-lo também a aspectos sociais, econômicos, políticos e culturais, devido ao desenvolvimento dos estudos epidemiológicos, o que culminou na origem da saúde pública no final do século XIX e começo do século XX.

Nessa época, com o rápido crescimento da Revolução Industrial, as mortes frequentes de operários acabaram também impulsionando pesquisas sobre saúde, que envolviam, especialmente, as condições de higiene, insalubridade, dentre outras. Foi a partir desses progressos que se deram a classificação e a categorização de novas doenças.

Nesse contexto, portanto, surgiu a compreensão de deficiência como condição de doença ou patologia e, por isso, também passível de categorização e classificação. No entanto, é importante deixar claro que o modelo de compreensão denominado médico ou biomédico é vinculado a profissionais das mais diversas áreas de saúde, não tendo ligação direta apenas com a Medicina, muito embora a origem dessa concepção tenha relação com o tratamento das doenças.

Muitas foram, então, as definições dadas a saúde e doença durante todo o século XX. Quero chamar especial atenção às contribuições do filósofo Canguilhem, em sua obra *O normal e o patológico*. O autor propõe a ideia de que as definições de saúde e doença passam pela visão reducionista de que o estado patológico é aquilo que foge à norma, à normalidade – no caso desta discussão, o desvio de um tipo de funcionamento do corpo tomado como padrão pelos cientistas. Ou seja, qualquer desvio, sem importar a consequência na vida do indivíduo, seria considerado patológico. Canguilhem argumenta, porém, que a patologia não é a ausência desta norma, concebida pelos cientistas. Desse modo, o conceito de saúde pode ser entendido agora para além de um estado de normalidade: ela seria a capacidade de o ser humano se adaptar às exigências do meio, criando e seguindo novas normas de vida. Assim, para o autor, uma pessoa plenamente adaptada a seu meio seria saudável e não apresentaria patologia.

Mesmo diante de discussões como essa, a deficiência era vista como um fenômeno biológico, ou seja, uma consequência de uma lesão que ocorreu naquele corpo. Essa lesão poderia ser adquirida inicialmente por uma doença. Para aqueles que pensavam de acordo com essa concepção, a lesão seria a responsável pelo surgimento de qualquer tipo de desvantagem social.

Além disso, para que esse quadro pudesse ser modificado, seria necessário promover uma série de intervenções específicas e especializadas nesse corpo para que seu funcionamento e o seu desempenho melhorassem e, assim, reduzissem essas desvantagens sociais. Sob forte influência dessas ideias é que irão surgir as instituições especializadas de reabilitação, muito presentes até os dias atuais em todo o mundo.

Logo adiante nesse percurso, desenvolve-se a ideia de que deveria haver uma categorização das deficiências na educação especial. Classificações nesse sentido ainda se perpetuam, com práticas dentro e fora da escola. No entanto, há pesquisadores, como Sadao Omote, professor titular aposentado da Universidade Estadual Paulista (Unesp), que acreditam que assim cria-se uma ilusão de homogeneidade entre os membros pertencentes a uma mesma categoria e de muita diferença entre eles e os membros de qualquer outra categoria. Sadao Omote observa também que a distinção estabelecida nos serviços prescritos para diferentes categorias de deficiência pode ser perversamente orientada por conceitos enviesados que as pessoas têm acerca de cada tipo de deficiência. Isso mostra que práticas como a institucionalização para o cuidado com esses sujeitos são profundamente influenciadas por concepções que localizam a deficiência no plano individual. E a diferenciação dessas pessoas segue apenas essas categorias específicas diante das quais elas podem ser encaixadas.

Infelizmente, essas concepções ainda permanecem muito fortemente nas formações em diferentes áreas e, portanto, também continuam circulando em produções científicas.

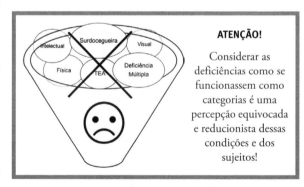

ATENÇÃO!
Considerar as deficiências como se funcionassem como categorias é uma percepção equivocada e reducionista dessas condições e dos sujeitos!

Essas concepções são responsáveis tanto pela criação de terminologias especiais vinculadas a essas categorias quanto pela profissionalização de alguns conjuntos de atividades dirigidas aos membros de cada uma dessas categorias, pois as pessoas permanecem com a falsa ideia de que se trata de um quadro que precisa ser reabilitado para que a pessoa com deficiência passe a manifestar outras características concebidas como de normalidade. Ou seja, essa ideia leva primeiro em consideração a deficiência, e não o sujeito.

Esse mesmo direcionamento é observado nas práticas de ensino, quando elas não consideram um caráter interacionista da relação professor-aluno e aluno-aluno e, principalmente, quando esquecemos que cada pessoa aprende de um jeito, independentemente de ela ter ou não uma deficiência ou diferença.

Portanto, diante de uma prática de ensino, é necessário sempre analisar atentamente situações que voltam o olhar do professor para as características de seu planejamento e de sua avaliação, de tal modo que eles contemplem a diversidade dos estudan-

ATENÇÃO!

O QUE É DEFICIÊNCIA?

Os modelos citados aqui seguem uma sequência cronológica, em termos de acontecimentos históricos e de avanços em relação ao tratamento social dado às pessoas com deficiência. Porém, isso não significa que alguns deles não possam ocorrer de maneira simultânea, ainda hoje, em nossa sociedade.

tes. Quanto mais formas diferentes forem consideradas para apresentar o conteúdo, ou solicitar o conteúdo apreendido, maior será a perspectiva inclusiva dessas práticas de ensino. Isso porque existe sempre um desejo de normalizar ou de tirar o defeito da pessoa e, para tal, referem-se ao modelo médico de compreensão da deficiência e às concepções médico-pedagógicas muito presentes desde o final do século XIX e começo do século XX. Esse modo de compreender a deficiência é baseado apenas em códigos de identificação ou classificação das doenças, nas limitações físicas, intelectuais, sensoriais e nas enfermidades psíquicas que acometem uma minoria e que provocam desigualdades de todo nível. Trata-se, portanto, de considerar a anormalidade presente no sujeito, o qual precisa ser reabilitado ou normalizado.

Esse modelo definiu e ainda define diretrizes de formação em diversas áreas e ignora os fatores sociais e o papel do meio em todas as suas expressões (físicas, comunicacionais, atitudinais e outras). Desse ponto de vista,

Educação especial

a deficiência passou a ser entendida como uma doença crônica, devendo seu atendimento, até mesmo pela vertente educacional, ser ofertado pelo viés terapêutico. Infelizmente, arrisco-me a dizer, essa é a concepção mais comum que encontramos no nosso dia a dia. Outro aspecto relevante de se pontuar é que, quanto mais se especializa esse conhecimento, mais forte fica a ideia de que a formação de profissionais para trabalhar com essas pessoas também deve ser extremamente especializada e, portanto, muito difícil e diferente das formações existentes.

Somente na Política Nacional de 2008 e na Lei Brasileira de Inclusão de 2015, teremos alguns indícios de avanços dessa concepção, especialmente pela ponderação dos obstáculos que as pessoas com deficiência enfrentam no cotidiano e pelo incentivo ao processo de escolarização desses sujeitos no ensino regular, direito garantido desde a Constituição de 1988.

O MODELO SOCIAL

O modelo social, em contrapartida, desloca as dificuldades enfrentadas por pessoas com deficiência, advindas dessa condição, para o meio social no qual elas convivem. Isso significa que essas dificuldades podem ser acentuadas ou não a partir das formas que esse meio oferece para lidar com elas. Com isso, as limitações impostas pela deficiência são deslocadas do sujeito para a sua interação com o ambiente e com a sociedade. E, por isso, a sociedade precisa dar respostas às barreiras enfrentadas por essas pessoas que estão tentando participar dela. Isso ajudou a difundir a ideia de instrumento político desse modelo, pois à medida que essa interpretação avança as transformações sociais que podem beneficiar essa população também podem ser ampliadas, por meio de políticas públicas, por exemplo.

Esse modelo tem origem em movimentos sociais ocorridos no mundo inteiro que tiveram como protagonistas as pessoas com deficiência. Esses movimentos tinham como objetivo exigir mudanças de concepções sobre a deficiência e, principalmente, exigir que seus direitos sociais básicos fossem garantidos. É importante citar aqui a primeira publicação sobre esse tema, datada de 1966, pelo sociólogo Paul Hunt, que tinha deficiência física. Essa publicação teve por objetivo discutir sobre as barreiras sociais vivenciadas pelas pessoas com deficiência, deslocando um pouco a visão puramente do corpo. Por isso é também atribuída a esse sociólogo a primeira articulação política dessas pessoas na Inglaterra, culminando num movimento social que mais tarde daria lugar a um Sindicato de Pessoas com Deficiência Física Contra a Segregação, a chamada UPIAS (Union of Physical Impairment Against Segregation). A quem tiver interesse sobre essa temática, recomendo assistir ao documentário, chamado *Crip Camp: Revolução pela Inclusão*.

A partir desses movimentos, expressões como *educação inclusiva* passaram a ficar mais conhecidas. E também como resultado desses movimentos, o mundo passou a se preocupar mais com essas pessoas, nas mais diferentes dimensões, com destaque para a educação. Quando digo que o mundo passou a se preocupar mais não significa que deixou de ser controlado pelos interesses econômicos e políticos daqueles que possuem maior poder sobre a humanidade. Portanto, não podemos ser ingênuos de achar que uma cúpula liderada por esses interesses terá como objetivo apenas atender a essas demandas sociais.

Mesmo assim, foram esses movimentos sociais que provocaram muitas mudanças, como a criação de novas legislações e conquistas políticas e sociais, de um modo geral. As principais reivindicações das pessoas com deficiência estavam relacionadas à educação, ao trabalho, à saúde e à participação social. No Brasil, podemos considerar que um dos movimentos de maior impacto e que deu abertura para as conquistas que temos hoje foi o Movimento de Vida Independente (MVI), que tem como marco legal o dia 14 de dezembro de 1988. Escolhi citar aqui esse movimento porque ele foi (e ainda é) constituído por pessoas com deficiência e, portanto, trata-se de um movimento "de" e não "para" esses sujeitos. Isso faz diferença quando lembramos que um dos lemas de compreensão do modelo social de deficiência é "nada sobre nós, sem nós".

É importante dizer que há vários movimentos e organizações sociais em defesa das pessoas com deficiência no Brasil. Caso alguém tenha interesse específico nessa temática, sugiro consultar os bancos de dados virtuais dos Centros de Vida Independente (CVI) daqui do Brasil, da Inglaterra e dos Estados Unidos. Além disso, temos também uma organização sueca denominada Independent Living Institute, que possui um acervo importante sobre essa temática.

Não custa citar que a Lei Brasileira de Inclusão (LBI), publicada em 6 de julho de 2015 é, sem dúvida, um dos maiores avanços legais em relação a esses movimentos de vida independente, já que foi a partir dela que os direitos civis das pessoas com deficiência passaram a ser garantidos.

A partir do momento que se compreende mais sobre a vida independente das pessoas com deficiência, passa-se também a compreender que essas pessoas têm o direito de participar da sociedade e que é necessário fazer valer esses direitos, para que as oportunidades dessa participação possam acontecer e ser ampliadas. Como o direito à educação é o que abre caminhos para os demais direitos sociais, com certeza é por aqui que temos que começar.

Por fim, cabe destacar que há uma crítica feminista contundente e extremamente importante dentro desse modelo, pois as feministas mostraram, dentro desse movimento, que para além da experiência de opressão do corpo com deficiência ainda é preciso considerar as diferenças de gênero, raça e orientação sexual. Quem escreve sobre isso é a antropóloga e pesquisadora Débora Diniz. A quem tiver interesse em se aprofundar mais nessa temática, sugiro a leitura do seu livro *O que é deficiência*.

> **VAMOS PENSAR MAIS SOBRE ISSO?**
>
> Você conhece alguém que possui deficiência? Já estudou ou trabalhou com uma dessas pessoas?
>
> Se a resposta for sim, pare e pense sobre alguma situação específica que você viu, ouviu ou vivenciou com essa pessoa.
>
> Agora tente fazer uma análise sobre o seguinte: qual a relação dos conceitos que você acabou de ler com essa situação? Discuta sobre isso com alguém e tente ampliar essa análise.

Para esse movimento feminista, dentro do modelo social, a experiência pela qual passam as mães de crianças com deficiência, mulheres com deficiência, mulheres pretas com deficiência, entre outras, é muito diferente de uma experiência descrita por homens com deficiência que fazem ou integram também o movimento social. Sem falar das diferenças socioeconômicas e socioculturais.

MODELO BIOPSICOSSOCIAL

Avançando um pouco mais, o modelo biopsicossocial ou interacionista apresenta ideias originadas principalmente do modelo médico e do modelo social, já que compreende a importância dos avanços médicos e tecnológicos para a população com deficiência, respeitando e fornecendo suportes para a eliminação dos mais diversos tipos de barreiras que podem impedir a sua participação social. E, por isso, compreende que a melhor maneira de enfrentar essa condição deve ser por meio de mudanças sociais e estruturais que garantam uma assistência integral a essas pessoas.

O modelo biopsicossocial ou interacionista originou-se de publicações mais recentes (década de 2000) da Classificação Internacional de Funcionalidade (CIF), que consideraram os componentes de saúde em níveis corporais e sociais numa tentativa de rever publicações anteriores que enfatizaram definições que voltavam ao modelo médico, reafirmando a deficiência como lesão, por exemplo. Com essa nova visão, ao avaliar uma pessoa com deficiência são considerados aspectos do modelo médico ou biomédico, baseados na etiologia da disfunção, aspectos psicológicos (dimensão individual) e aspectos sociais. Portanto, existe uma ideia de interação e relação entre essas dimensões e todas elas são influenciadas pelos fatores ambientais.

É como se houvesse uma tentativa de encontrar um ponto de convergência entre os modelos médico e o social. Mas não se trata de um consenso, já que a CIF é vinculada à Organização Mundial de Saúde, assim como à Classificação Internacional de Doenças (CID). Mas precisamos admitir que existe um avanço nessa concepção, tratando-se de um grupo que possui uma perspectiva de cuidado integral do ser humano e do reconhecimento da necessidade de sua participação social.

Considerações finais

Neste capítulo, abordei o conceito de capacitismo, traduzido em expressões, comportamentos, atitudes e conceitos discriminatórios em relação às pessoas com deficiência. Além disso, apresentei os quatro modelos de compreensão sobre deficiência capazes de fornecer bases para desconstruir aspectos relacionados ao capacitismo. Essas bases ajudarão, adiante, a compreender por que a escolarização de pessoas com deficiência tem que acontecer na escola regular, em sala comum.

Essas compreensões são fundamentais para enxergar o direito à educação desses sujeitos como possiblidade de abrir caminhos para a participação delas na sociedade. São essas compreensões que também nos ajudam a entender que ter uma condição de deficiência não significa necessariamente precisar de apoio ou suporte especializado: não se trata de uma relação direta.

Sugestões de leitura

DINIZ, Débora. Modelo social da deficiência: a crítica feminista. *Série Anis*, Brasília, v. 28, p. 1-10, 2003. Disponível em: <www.anis.org.br/serie/artigos>. Acesso em: 18 nov. 2021.

FRANÇA, Thiago Henrique. Modelo social da deficiência: uma ferramenta sociológica para a emancipação social. *Revista Lutas Sociais*, v. 17, n. 31, pp. 59-73, 2013. Disponível em: <https://www4.pucsp.br/neils/revista/vol%2031/tiago-henrique-franca.pdf>. Acesso em: 12 jan. 2022.

JANUZZI, Gilberta. *A educação do deficiente no Brasil*: dos primórdios ao início do século XXI. 2. ed. Campinas: Autores, 2006.

OMOTE, Sadao. Perspectivas para conceituação de deficiências. *Revista Brasileira de Educação Especial*, v. 4, pp. 127-135, 1996.

PAGNI, Pedro Ângelo. Dez Anos da PNEEPEI: uma análise pela perspectiva da biopolítica. *Educação & Realidade*, Porto Alegre, v. 44, n. 1, pp. 1-20, 2019.

VAZ, Daniela Virgínia; ANTUNES, Ana Amélia Moraes; FURTADO, Sheyla Rossana Cavalcanti. Tensões e possibilidades no campo da reabilitação sob a ótica dos estudos da deficiência. *Cadernos Brasileiros de Terapia Ocupacional*, 27(4), pp. 917-928, 2019.

O público-alvo da educação especial

Vimos anteriormente algumas compreensões sobre a deficiência, questões importantes, especialmente por causa do capacitismo, mas também porque os sujeitos com deficiência fazem parte do chamado público-alvo da educação especial, foco deste capítulo.

A partir do que já conhecemos, passarei, então, a apresentar as principais características dos sujeitos que fazem parte desse chamado público-alvo da educação especial, considerando aspectos atuais dessa nomenclatura e aqueles presentes em documentos que definiram esse público-alvo ao longo da construção de políticas públicas voltadas para a inclusão escolar, com especial atenção para a Política Nacional de Educação Especial na Perspectiva da Educação Inclusiva (PNEEPEI) de 2008, política vigente.

Estou considerando aqui como "inclusão escolar" o processo de escolarização desse público-alvo na escola regular, na sala comum, independentemente desses sujeitos precisarem ou não de suporte especializado dentro da escola ou em outro local ou instituição. Essa expressão já está bastante difundida na literatura especializada e tem por

Educação especial

objetivo diferenciar de tantas outras, tais como: educação inclusiva, inclusão, inclusão social. Ao longo do livro, as diferenças entre essas expressões ficarão mais claras.

Neste capítulo, mencionarei também as características de sujeitos com altas habilidades/superdotação, dando a devida importância à identificação deles, em razão da necessidade de enriquecimento curricular de que precisam.

E, sempre que necessário, serão reiteradas as características sobre as pessoas com deficiência, com a ressalva do conteúdo trabalhado no primeiro capítulo, mas também a partir da definição apresentada na Lei Brasileira de Inclusão (Estatuto da Pessoa com Deficiência), publicada em 2015.

QUEM É O CHAMADO PÚBLICO-ALVO DA EDUCAÇÃO ESPECIAL (PAEE)?

A expressão público-alvo da educação especial (PAEE), bastante polêmica, foi sendo constituída, ao longo dos anos, com base nos estudantes que são contemplados desde os primeiros documentos de políticas educacionais voltadas especificamente para a educação especial. Portanto, desde as primeiras Leis de Diretrizes e Bases da Educação Nacional, publicadas em 1961 e 1971, esse público, denominado à época de "excepcionais", passou a ser levado em conta.

A partir daí, esse grupo de estudantes também foi detalhado na primeira Política Nacional de Educação Especial, publicada em 1994, na qual apareciam também estudantes "portadores de condutas típicas". Há também um documento que contempla várias definições das categorias desse público, que é o Decreto n. 3.298, publicado em 1999. Esse Decreto regulamentou a Lei n. 7.853, de 1989, que definia deficiência no artigo 30, da seguinte forma: "toda perda ou anormalidade de uma estrutura ou função psicológica, fisiológica ou anatômica que gere incapacidade para o desempenho de atividade, dentro do padrão considerado normal para o ser humano".

Observem que essa definição enfatizava apenas a condição orgânica, e por isso estabelecia as categorias físicas, sensoriais e mentais, conforme pode ser visualizado no quadro a seguir:

26

O público-alvo da educação especial

Quadro 1 – Definições de categorias de deficiência presentes no Decreto n. 3.298 de 1999

Categorias	Definições
Deficiência física	Alteração completa ou parcial de um ou mais segmentos do corpo humano, acarretando o comprometimento da função física, apresentando-se sob a forma de: paraplegia, paraparesia, monoplegia, monoparesia, tetraplegia, tetraparesia, triplegia, triparesia, hemiplegia, dentre outras.
Deficiência auditiva	Perda bilateral, parcial ou total, de quarenta e um decibéis (dB) ou mais, aferida por audiograma nas frequências de 500Hz, 1.000Hz, 2.000Hz e 3.000Hz
Deficiência visual	Cegueira: acuidade visual é igual ou menor que 0,05 no melhor olho, com a melhor correção óptica; Baixa visão: acuidade visual entre 0,3 e 0,05 no melhor olho, com a melhor correção óptica; Outros casos: a somatória da medida do campo visual em ambos os olhos for igual ou menor que 60° e, ainda, a ocorrência simultânea de quaisquer das condições anteriores.
Deficiência mental	Funcionamento intelectual significativamente inferior à média, com manifestação antes dos 18 anos e limitações associadas a duas ou mais áreas de habilidades adaptativas, tais como: a) comunicação; b) cuidado pessoal; c) habilidades sociais; d) utilização dos recursos da comunidade; e) saúde e segurança; f) habilidades acadêmicas; g) lazer; e h) trabalho.
Deficiência múltipla	Associação de duas ou mais deficiências.

Fonte: Elaborado com base no texto do Decreto n. 3.298 de 1999.

Essas categorias sofreram diversas mudanças na legislação ao longo do tempo, buscando contemplar sujeitos que não estavam inicialmente inseridos nela, mas que, sem dúvida, demandavam especificidades. Além disso, ainda que a identificação de algumas características seja necessária para atender a demandas específicas, não são elas que devem definir o sujeito, jamais. A concepção social de deficiência já havia avançado muito mundialmente e, portanto, esse foco no sujeito não poderia mais ser tão enfatizado.

Por isso, atualmente, o conceito de deficiência presente na LBI tem sido cada vez mais compreendido em função de barreiras impostas pelos ambientes às pessoas que possuem limitações físicas, sensoriais e cognitivo-intelectuais. Essa concepção indica, de maneira enfática, que a partir do momento que o ambiente favorece a eliminação dessas barreiras, promovendo a acessibilidade em nível de comunicação, de mobilidade, dentre outras, a existência dessa deficiência não impede que o sujeito realize as atividades de rotina, possibilitando participar ativamente da sociedade em que vive.

27

Educação especial

De modo a reforçar essas novas concepções de deficiência, é importante reiterar os aspectos relacionados à avaliação da condição de deficiência, presentes no artigo 2º da LBI, que pontua que a pessoa com deficiência é aquela que possui "impedimento de longo prazo, de natureza física, mental, intelectual ou sensorial, o qual, em interação com uma ou mais barreiras, pode obstruir sua participação plena e efetiva na sociedade em igualdade de condições com as demais pessoas". Nesse mesmo artigo, em seu parágrafo 1º, que trata da avaliação da deficiência, é enfatizado que essa avaliação deve ser biopsicossocial, realizada por equipe multiprofissional e interdisciplinar, de maneira a destacar:

I – os impedimentos nas funções e nas estruturas do corpo;
II – os fatores socioambientais, psicológicos e pessoais;
III – a limitação no desempenho de atividades e;
IV – a restrição de participação.

Por outro lado, na prática, a definição categorial ainda é a que prevalece, pois quase sempre ela é exigida para especificar a aquisição de um recurso, de um serviço especializado ou de uma estratégia que facilite ou que possibilite a participação do sujeito nas mais distintas atividades (escolares, sociais, dentre outras). E essa dicotomia acaba se confirmando, cada vez mais. Ora, se um recurso facilita a minha participação em uma determinada atividade, isso indica que, com a existência dele, essa deficiência não seria evidenciada. Ainda, o público-alvo da educação especial foi também citado e especificado na Política Nacional de Educação Especial na Perspectiva da Educação Inclusiva (PNEEPEI), publicada em 2008, da seguinte forma: estudantes com deficiência (mental, visual, auditiva, física e múltipla), com transtornos globais do desenvolvimento (TGD) e estudantes com altas habilidades/superdotação. Portanto, atualmente esses são os sujeitos que fazem parte, oficialmente, do chamado público-alvo da educação especial (PAEE) na política nacional vigente, com a ressalva sobre a diferença entre TGD e TEA, que mencionarei adiante.

É possível encontrar também outras expressões: público da educação especial, alunos do público-alvo da educação especial e assim por diante. Escrito dessa forma, ou seja, pessoas com deficiência, pessoas com transtorno global de desenvolvimento (TGD) e pessoas com altas

28

habilidades/superdotação, apareceram pela primeira vez na Resolução do Conselho Nacional de Educação n. 1 de 2002, que estabelecia as Diretrizes Curriculares Nacionais para a Formação de Professores da Educação Básica. Nessa Resolução havia a definição de que as Instituições de Ensino Superior deveriam prever, em sua organização curricular, formação docente voltada para a atenção à diversidade, contemplando conhecimentos sobre as especificidades dos estudantes com deficiência, transtornos globais do desenvolvimento (TGD) e altas habilidades/superdotação. Mesmo assim, temos que ter em mente que a expressão "público-alvo da educação especial", de fato, se refere aos estudantes contemplados nessas políticas, especialmente, a partir da Política Nacional de Educação Especial de 1994.

Essa especificação foi reafirmada em 2008, com a justificativa de que as políticas anteriores não deram conta de atender às necessidades desse público, por meio de uma perspectiva geral, de atendimento a todos, como foi preconizado pela Declaração de Salamanca, de 1994. No nosso próximo capítulo falarei um pouco mais sobre esse documento, pois ele é um dos mais importantes, mundialmente, para a educação de pessoas com deficiência.

Com essa justificativa, todas as políticas públicas de educação especial enquanto modalidade de ensino presente em todas as etapas de escolarização (da educação infantil ao ensino superior) foram reforçadas. Além disso, a definição desse público também pretendeu orientar a organização de redes de apoio, a identificação e provisão de recursos e serviços voltados para esse apoio. Consequentemente, a formação continuada de professores também foi alvo desses objetivos. Esses objetivos, expressos na PNEEPEI, reforçaram a educação especial como modalidade de ensino, que deve estar presente em todos os níveis e etapas, por meio de um serviço de atendimento educacional especializado (AEE), capaz de construir, disponibilizar e treinar o uso de recursos e estratégias para os estudantes que precisarem desse apoio, com vistas à sua maior participação na sala comum do ensino regular.

Claro que temos inúmeras controvérsias sobre a identificação desse público e talvez a maior delas é que há inúmeros sujeitos que fazem parte da diversidade humana, mas que não estão contemplados nesse público-alvo. Um exemplo disso são os transtornos funcionais específicos (dislexia, discalculia, transtorno de déficit de atenção e hiperatividade, dentre outros), que recentemente passaram a ter direito ao atendimento educacional especializado, mesmo não sendo contemplados de maneira explícita na PNEEPEI. Esse direito foi conquistado por meio da aprovação, em novembro de 2021, do Projeto de Lei n. 3.517 de 2019.

Esse projeto já sancionado pela Presidência da República obriga o poder público a oferecer um programa de inclusão na educação e na saúde, por meio de formação continuada de professores, assim como o diagnóstico e tratamento precoce a estudantes da educação básica que forem diagnosticados com dislexia e TDAH (transtorno de déficit de atenção e hiperatividade) ou qualquer outro transtorno de aprendizagem. Portanto, em outras palavras, embora esse público não tenha sido incluído anteriormente no público-alvo ou nas políticas de educação especial, a partir de então ele também possui direito aos serviços de apoio especializado.

As controvérsias existentes em relação ao PAEE merecem algumas considerações específicas. A primeira delas é a de que os estudantes da educação especial não são apenas aqueles com deficiência e, ainda, quando falamos ou usamos essa expressão "estudantes da educação especial", não significa dizer que eles estão estudando, necessariamente, numa escola especial, já que o direito à "educação para todos" está garantido desde a Constituição de 1988. Entretanto, vale reforçar que há uma palavra que sempre aparece na legislação quando se trata do processo de escolarização de pessoas com deficiência na escola regular: preferencialmente. Se observarmos com atenção, nos documentos oficiais da educação brasileira, ao longo das últimas décadas, sempre encontraremos essa palavra, usada como uma espécie de "brecha" para que o processo de escolarização dessas pessoas não aconteça na escola regular. E, por mais incrível que pareça, foi mantido o "preferencialmente" na Lei Brasileira de Inclusão, publicada em 2015.

A segunda observação a ser feita é a de que precisamos nos livrar de expressões capacitistas, tais como: "estudante incluído", "estudante laudado", "estudante com problema", "estudante de inclusão", "eu tenho trinta estudantes e dois de inclusão", dentre inúmeras outras. Isso nos faz permanecer alertas para o conteúdo apresentado no primeiro capítulo. E quais expressões devemos utilizar, então?

Caso seja necessário diferenciar esse estudante por algum tipo de marcador (linguístico, social, de algum tipo de alteração em seu desenvolvimento, dentre outros), utilize as devidas expressões que, aos poucos, estamos aprendendo, de uma forma que não soe pejorativo ou indique marcas de segregação, tais como: "eu tenho um estudante com deficiência na minha turma". E se ele não tiver deficiência ou se você não souber o que ele tem? Diga que tem "um estudante do público-alvo da educação especial em minha turma". E você pode usar o próprio diagnóstico também, caso ele seja conhecido: "eu tenho um aluno cego em minha turma"; "eu tenho um aluno com deficiência física"; "eu tenho um aluno com deficiência intelectual"; "eu tenho um aluno com baixa visão"; "eu tenho um aluno autista"; "eu tenho um aluno surdo"; "eu tenho um aluno com deficiência auditiva", e assim por diante.

Nós precisamos nos preocupar com essa nomenclatura, porque devemos ter uma postura defensiva em relação ao direito que essas pessoas possuem de estudar numa escola regular e atitudes e concepções capacitistas nos afastam dessa defesa. Mas também não se deve deixar de conversar com as pessoas por ter dúvida de como falar ou de como referir-se a elas. Caso tenha dúvida e esteja diante da pessoa, pergunte a ela. E se for uma criança pequena, converse com as pessoas que cuidam dela, converse com os profissionais que fazem seu acompanhamento. Isso poderá ajudar muito, também, no planejamento pedagógico.

Por fim, também é necessário considerar as controvérsias de autores que defendem a não especificação de nenhum tipo de estudante, com o argumento de que a educação deve ter qualidade capaz de atender a todos, independentemente desse estudante ter ou não uma necessidade específica. E, para além disso, há também argumentos sobre as disputas políticas da sociedade civil, incluindo, principalmente, as organizações privadas que, ao fragmentar o próprio movimento político dessas pessoas, fortalece a ideia de atender a interesses privados em torno dessa formulação de políticas públicas. Isso merece muita atenção porque quando o Estado atende a esses interesses a educação pública perde ainda mais forças, seja pela falta de financiamentos, seja pela falta de incentivo à formação de professores que atuam no setor público.

Também precisamos tomar cuidado em relação à qualidade da educação capaz de atender a todos, sem essas especificações, pois as necessidades específicas precisam ser atendidas e, para isso, é necessário conhecê-las para saber quais são as melhores maneiras de atendê-las. No entanto, o público que precisa dessa atenção de maneira pontual é pequeno dentro desse

Educação especial

universo do público-alvo da educação especial. Mas esse atendimento fortalece a ideia de que eles podem e devem estar na escola regular. É o caso de crianças com deficiência física, advindas de uma condição de paralisia cerebral. Elas constituem de 60% a 70% do público com esse tipo de deficiência (física) que frequenta a escola regular, na maioria dos lugares que incentivam a inclusão escolar. Dentro desse universo específico, ainda temos os estudantes que possuem necessidades complexas de comunicação, ou seja, que não se comunicam por meio da fala. Esse é um exemplo clássico de estudante que precisará de uma atenção específica em razão de recursos de tecnologia assistiva (tecnologia de apoio, sobre a qual falaremos em capítulo específico) voltados para a comunicação e outras atividades desenvolvidas dentro e fora da escola, portanto, direcionados também para as necessárias adaptações pedagógicas que garantam o acesso ao currículo.

Situações como essa nos permitem pleitear o atendimento educacional especializado e a formação especializada de professores para que sejam capazes de dar suporte, durante o processo de escolarização desses estudantes, em atividades que ocorrem na sala comum.

ALTAS HABILIDADES/SUPERDOTAÇÃO

Os estudantes com altas habilidades/superdotação são aqueles que apresentam elevado potencial em uma das seguintes áreas: intelectual, acadêmica, liderança, psicomotricidade e artes. Esse potencial pode ser isolado ou combinado. Além disso, esses estudantes apresentam uma criatividade que chama muita atenção e um alto envolvimento na aprendizagem e realização de tarefas em áreas de seu interesse. Essa definição é encontrada na PNEEPEI.

De acordo com o reconhecido pesquisador da área Joseph Renzulli, a superdotação só pode ser identificada diante da presença de três características, quais sejam: habilidade acima da média, comprometimento com a tarefa (para alguns autores, um tipo refinado e diferenciado de motivação) e a criatividade. Reforço que, para esse autor, deve haver uma articulação entre esses três aspectos, pois é nessa interação que se nota a produção ou criação superior.

A importância de se identificar os estudantes com altas habilidades/ superdotação está na possibilidade e necessidade de fornecer um programa

32

O público-alvo da educação especial

de enriquecimento curricular voltado para as áreas de interesse demonstradas. Esse potencial elevado é algo que chamará muita atenção de qualquer pessoa, especialmente por se manifestar em uma idade anterior à esperada, o que chamamos de precocidade. Por outro lado, alerta-se para o fato de que nem toda criança precoce será superdotada, pois essa aquisição antecipada de uma determinada habilidade pode se normalizar depois. Outro aspecto que chama a atenção nessas crianças é uma facilidade maior para aprender em relação às demais, e também em idades muito precoces. Por exemplo: crianças com habilidades de leitura aos 2 anos de idade, crianças com habilidades para tocar instrumentos na primeira infância, sem nenhum treinamento específico, dentre outros.

Por fim, alerto para o fato de não existir um padrão ou homogeneidade entre esses estudantes. Há casos, por exemplo, de crianças com competência elevada em mais de uma área (artes e leitura, por exemplo), com um perfil de liderança superior, enquanto outra criança pode demonstrar competência numa única área (pintura, por exemplo) e apresentar um perfil de imaturidade na interação social.

A importância do diagnóstico preciso, elaborado por profissionais especializados, deve ocorrer para que essas crianças não sejam confundidas com outras que possuem apenas talentos precoces, que embora seja uma característica que indique necessidade de acompanhamento, somente essa precocidade não é suficiente para determinar a superdotação. O extremo da precocidade, para alguns pesquisadores, constitui o que chamam de prodígio, que se refere à criança que possui capacidade de desempenhar uma tarefa complexa no mesmo nível de um adulto, causando desconforto e estranhamento para muitos.

Após a identificação desses sujeitos, é necessário que a escola forneça atividades de enriquecimento curricular, para possibilitar vivências desafiadoras de aprendizagem, com base em situações-problemas do dia a dia. Isso favorecerá a construção de conhecimento avançado na área de interesse dessa criança, encorajando-a a aplicar esse conhecimento em situações reais. Esses programas de enriquecimento devem ser intra e extracurricular, possibilitando também a aceleração de estudos, a compactação curricular, dentre outros, previstos na legislação.

Educação especial

Considerações finais

A compreensão do conceito de público-alvo da educação especial ajuda a fornecer suportes fundamentais para a escolarização desse público e a viabilizar, de maneira justa e satisfatória, a garantia do direito que essas pessoas têm de estudar na rede regular de ensino. Embora se trate de um conceito polêmico, ele é necessário para identificar um dos tantos grupos sociais historicamente segregados da escola, especialmente as pessoas com deficiência. O reconhecimento dessa condição é fundamental para efetivar o direito garantido na legislação. Isso implica, também, o reconhecimento de que a diferença é inerente ao ser humano e que ela pode requerer atenção em relação às especificidades ao longo do desenvolvimento desses sujeitos.

Neste capítulo, apresentei as especificidades presentes no chamado público-alvo da educação especial. Para tanto, as características das pessoas com deficiência abordadas aqui foram colocadas sempre em relação com os conceitos trabalhados no primeiro capítulo, para não corrermos o risco de querer saber mais sobre as limitações físicas, intelectuais, sensoriais, neurológicas, dentre outras, do que sobre os sujeitos ou suas habilidades. Por isso, a abordagem foi realizada de acordo com as necessidades que esse público pode apresentar e não acerca de conhecimentos da condição em si.

De modo geral, durante a construção de uma escola com perspectiva inclusiva que busque o atendimento aos alunos do público-alvo da educação especial, o projeto político-pedagógico (PPP) deve prever a organização de recursos para o AEE, sendo necessário: acolhimento desse aluno, para além de sua matrícula; salas de recursos multifuncionais, com equipamentos, recursos e materiais necessários; formação em serviço para professores da sala comum e do atendimento educacional especializado (AEE), para que ambos atuem conjuntamente e forneçam suporte à participação do estudante na sala comum.

Por fim, é fundamental que a gestão escolar acompanhe, frequentemente, a organização e a articulação do trabalho desses professores (do AEE e da sala comum), bem como ações que fomentem a produção e a aquisição de materiais didáticos especializados, e previsão de outros tipos de recursos, equipamentos e suportes que forem necessários ao trabalho docente.

Transtorno do espectro autista e deficiência intelectual

Destacar o transtorno do espectro autista (TEA) e a deficiência intelectual em um capítulo à parte deve-se à complexidade desses temas. Isso não significa que esgotaremos as dimensões que permeiam esses diagnósticos, mas pretendo, assim, chamar a atenção para essas duas condições dentro do público-alvo da educação especial. Além disso, precisamos também falar sobre aspectos históricos envolvidos no diagnóstico de deficiência intelectual, tão presente nas escolas, infelizmente. O objetivo deste capítulo, portanto, é apresentar com mais ênfase essas duas condições que, sem dúvida, são as mais comuns no ambiente escolar, quando se fala em inclusão.

Essas duas condições têm exigido bastante atenção do professor, por causa da alta prevalência de seus diagnósticos na atualidade. E, também, porque há especificidades que o professor precisa conhecer para considerar ou construir uma prática pedagógica com perspectiva inclusiva e que, portanto, contemple todos os seus estudantes, seja pelas questões relacionadas às particularidades presentes nos diagnósticos de TEA e deficiência intelectual, seja pelas implicações das atualizações científicas sobre essas condições.

Reitero a importância de se fazer essa leitura considerando, cuidadosamente, o conteúdo dos capítulos anteriores, especialmente do primeiro capítulo.

TRANSTORNO DO ESPECTRO AUTISTA (TEA) E TRANSTORNOS GLOBAIS DO DESENVOLVIMENTO (TGD)

Abordagem médica (DSM-5)

Quando foi publicada a Política Nacional de Educação Especial na Perspectiva da Educação Inclusiva (PNEEPEI), em 2008, não tínhamos ainda o diagnóstico de TEA e, por isso, nesse documento são mencionados os transtornos globais do desenvolvimento (TGD), que antes incluíam pessoas autistas, com transtornos invasivos do desenvolvimento (TID), com transtornos desintegrativos da infância (TID), com síndrome de Rett e com síndrome de Asperger, dentre outros.

Os estudantes com transtornos globais do desenvolvimento (TGD) faziam parte desse grupo que apresentava alterações qualitativas nas interações sociais recíprocas e na comunicação, um repertório de interesses e atividades restrito, estereotipado e repetitivo. Essa nomenclatura sofreu alterações a partir de 2013, quando foi substituída pelo transtorno do espectro autista (TEA) pela Associação Americana de Psiquiatria (APA), na publicação da quinta edição do Manual Diagnóstico e Estatístico de Transtornos Mentais (DSM-5).

Hoje, o DSM-5 traz todos esses diagnósticos incluídos no TEA, que passou então a transmitir essa ideia de espectro, pela variação e intensidade das manifestações principais (alterações na comunicação, na interação social, apresentação de padrões restritos e repetitivos de comportamento) e, fundamentalmente, pelos níveis de suporte ou apoio que cada uma dessas pessoas precisa dentro desse espectro.

E essa mudança de critérios para a realização do diagnóstico foi uma das responsáveis pelo importante aumento do TEA entre a população. Hoje (2022) os dados apontam que 1 em cada 49 pessoas tem esse diagnóstico, ou seja, 2% da população.

O DSM-5 define o TEA como um transtorno do neurodesenvolvimento, que faz parte de um grupo ou conjunto de condições com início no período do desenvolvimento. Todos esses transtornos se manifestam frequentemente muito cedo (antes da criança ingressar na escola, por exemplo). As características que fazem parte desse grupo de transtornos do neurodesenvolvimento implicam prejuízos sociais, acadêmicos e profissionais se esses sujeitos não tiverem o apoio de que precisam.

Especificamente no caso do TEA, as manifestações de prejuízos estão na comunicação social e na interação social, nos mais distintos contextos. Além disso, nesse diagnóstico há a presença de padrões restritos e repetitivos de comportamento, interesses ou atividades.

Em meio a essas definições, o Manual aponta quatro critérios, considerados chave em relação à definição do TEA: a) prejuízo persistente na comunicação social e interação social; b) padrões restritos e repetitivos de comportamento, interesses ou atividades; c) essas manifestações devem estar presentes desde o início da infância; d) essas limitações devem ser frequentes em nível diário. No caso dessa frequência diária, pode haver associação desse diagnóstico com a deficiência intelectual, que a abordagem médica chama de comorbidade (associação ou a presença de mais de um diagnóstico no sujeito).

Com a mudança de critérios para esse diagnóstico, deparamo-nos com níveis (I, II e III), que têm a ver com os tipos de suportes e a intensidade desses suportes de que essas pessoas precisam. As descrições detalhadas desses níveis podem ser encontradas no DSM-5, com tradução em português e disponível gratuitamente na internet.

A seguir, o Quadro 2 fornece uma noção em relação a esses níveis e os principais indicadores de cada um deles quando esse apoio não é fornecido.

Quadro 2 – Níveis do TEA e possíveis manifestações na ausência de suporte

Níveis	Comunicação social	Comportamentos restritos e repetitivos
I (necessidade de apoio)	Quando esse apoio não é fornecido, é possível notar uma dificuldade para iniciar interações sociais. E essa dificuldade pode ser interpretada como interesse reduzido por essas interações sociais, já que às vezes a pessoa não consegue, por exemplo, finalizar uma frase para dar continuidade a uma conversa ou opinião, ou usa palavras isoladas para transmitir uma ideia.	Quando esse apoio não é fornecido, é possível notar uma dificuldade para mudar ou trocar de atividade. É possível notar, também, uma dificuldade para organização e planejamento, implicando dificuldades em relação à independência.

Educação especial

II (necessidade de apoio substancial)	Quando esse apoio não é fornecido, é possível notar dificuldades acentuadas nas habilidades de comunicação verbal e não verbal. E, às vezes, mesmo com apoio, os prejuízos sociais podem estar aparentes. Nesse nível, também é possível notar limitação em dar início ou continuidade a interações sociais e fornecer respostas.	Quando esse apoio não é fornecido, é possível notar maior inflexibilidade do comportamento e uma maior dificuldade de lidar com a mudança desses comportamentos. Por isso, é mais evidente a presença de comportamentos restritos/repetitivos em diferentes contextos.
III (necessidade de apoio muito substancial)	Quando esse apoio não é fornecido, é possível notar dificuldades muito acentuadas (graves) nas habilidades de comunicação verbal e não verbal. E, às vezes, mesmo com apoio, os prejuízos sociais e da comunicação ficam mais aparentes. Nesse nível, também é possível notar limitação extrema em dar início a interações sociais e fornecer respostas.	Quando esse apoio não é fornecido, é possível notar extrema inflexibilidade do comportamento e uma extrema dificuldade de lidar com a mudança desses comportamentos. Por isso, é mais evidente a presença de comportamentos restritos/repetitivos também em diferentes contextos.

Fonte: Elaboração com base no DSM-5.

Outra observação importante em relação a esses níveis é a de que eles fazem parte de uma classificação de diagnóstico médico. Existem outros tipos de classificações mais próximas de trabalhos de outros profissionais que podem fornecer um perfil funcional desse sujeito em algumas áreas, como no caso da comunicação social, que veremos a seguir.

Abordagem funcional da comunicação social no TEA

De maneira geral, podemos dizer que o transtorno do espectro Autista (TEA) envolve um conjunto de condições que impactam diretamente o desenvolvimento das habilidades sociais, comunicativas e comportamentais. Essas são as áreas ou as características que mais chamam a atenção em relação a esse diagnóstico. Porém, essas manifestações são muito diferentes em cada sujeito, mesmo dentro de um mesmo nível, e, por isso, do ponto de vista de uma abordagem não médica, encontramos análises que procuram respeitar essas diferenças, encarando-as como formas diversas de esses sujeitos perceberem e interagirem com o mundo. É importante dizer que essa maneira de analisar se aproxima mais de uma perspectiva de educação inclusiva.

38

É possível observar, então, que existem maneiras diferentes de analisar ou descrever as características das pessoas com TEA. Nas descrições que vimos com base no DSM-5, há sempre uma ênfase nas dificuldades apresentadas por esses sujeitos. Mas, em algumas áreas, é possível encontrar instrumentos que nos ajudam a analisar as habilidades de maneira funcional. Por exemplo, na área de comunicação social, existe uma escala chamada Autism Classification System of Functioning: Social Communication (ACSF: SC), elaborada no Canadá, e que propõe a análise da comunicação social de crianças com TEA.

Recentemente, essa escala passou por adaptação transcultural para ser utilizada no Brasil. Ela é destinada a crianças que tenham sido diagnosticadas previamente com TEA e que estejam na idade pré-escolar. O uso da escala fornece a possibilidade de classificar a comunicação social da criança sem a necessidade de um treinamento prévio, ou seja, um profissional especializado solicita aos pais e/ou responsáveis que tenham mais contato ou familiaridade com a comunicação da criança para que respondam o instrumento e, a partir dessas respostas, é possível ao profissional efetuar a classificação. Essa classificação é realizada em uma escala de cinco níveis que especificam as habilidades de comunicação social da criança de acordo com as necessidades e os objetivos sociais. Mais detalhes sobre esse instrumento podem ser encontrados no estudo realizado no Brasil, indicado como sugestão de leitura no final deste capítulo.

Independentemente da maneira de analisar essas diferenças no desenvolvimento, todos os especialistas concordam que se trata de uma condição que requer cuidados e assistências, nos mais diferentes níveis, desde os primeiros anos de vida. É importante mencionar que o DSM-5 é bastante enfático ao indicar que essas características devem ser identificadas nos primeiros anos de vida, devido às próprias particularidades que se sobressaem em relação às demais.

Vale reforçar aqui que as questões de linguagem e comunicação sempre serão destaque nesse diagnóstico e, portanto, merecem muita atenção. Os sujeitos com TEA podem fazer parte de um grupo de pessoas denominadas com necessidades complexas de comunicação, que veremos adiante. Para entender

Educação especial

melhor, é necessário levar em consideração o conceito fundamental de linguagem, qual seja: ela é um sistema simbólico fundamental que o sujeito usa para se comunicar, estabelecer as interações com seu grupo social, cultural e construir suas funções psicológicas superiores (atenção, memória, raciocínio, capacidade de resolução de problemas, julgamento, interpretação, dentre inúmeras outras que estão diretamente ligadas aos aspectos cognitivos). Sem essa atenção, dificilmente o trabalho pedagógico avançará ou será desenvolvido de maneira satisfatória para seguir com as questões curriculares.

Há também especialistas que abordam a linguagem do ponto de vista dos aspectos pragmáticos, que se referem a seu uso nos mais diferentes contextos e interações sociais. Falarei um pouco mais sobre isso no capítulo "A formação em Pedagogia no contexto da inclusão escolar".

Por fim, para um trabalho satisfatório com os sujeitos diagnosticados com TEA, é imprescindível que, assim como o diagnóstico, todos os planejamentos sejam construídos de maneira interdisciplinar. Sabemos que o processo de aquisição e desenvolvimento da linguagem pode coincidir com a institucionalização ou escolarização iniciais de crianças com TEA, por isso o uso de apoios interdisciplinares é um importante recurso. Aqui, estamos chamando de apoios interdisciplinares os suportes fornecidos no processo de escolarização, tais como: as adaptações e construções de rotinas, o uso de recursos tecnológicos para comunicação, as estratégias colaborativas entre profissionais, amplamente divulgadas na área de campo da educação especial, dentre outros.

Um dos suportes que temos utilizado bastante nesse trabalho inicial é o uso de narrativas estruturadas. Eu tenho conduzido e orientado pesquisas que focam no uso de um programa de histórias infantis como apoio para a produção de narrativas em crianças que fazem parte do PAEE, incluindo aquelas com TEA. O nome desse programa é Pronarrar. Para isso, utilizamos também instrumentos que ajudam a analisar se elas estão engajadas nessa atividade e o que pode ser feito para que participem de uma maneira efetiva. Tenho conduzido também trabalhos que requerem adaptação desse material, por exemplo, com o uso de recursos de comunicação alternativa. Ao final do capítulo, também coloco sugestões de leitura em relação a isso.

40

A INTERVENÇÃO COM BASE
NA ANÁLISE DO COMPORTAMENTO APLICADA (ABA)

Nos últimos anos, têm surgido muitas publicações sobre a análise do comportamento aplicada (ABA) voltada para sujeitos com diagnóstico de TEA e deficiência intelectual.

A análise do comportamento é um campo da Psicologia que conta com três ramos principais, a saber: o *behaviorismo*, que estuda os aspectos filosóficos e epistemológicos da ciência comportamental; a *análise experimental do comportamento*, que se fundamenta e trabalha com pesquisas básicas de laboratório; e a *análise do comportamento aplicada (ABA)*, que é nosso foco aqui nesta seção. A ABA se ocupa do desenvolvimento de estratégias ou de tecnologias (como muitos preferem dizer) para se trabalhar em ambientes naturais, nos mais distintos contextos do dia a dia. Essa sigla deriva da expressão em inglês *applied behavior analysis*. Ela possui alguns princípios ou pontos fundamentais que devem ser seguidos a fim de que haja uma intervenção com base em seu método de análise. A seguir, indico alguns deles:

1. A intervenção com base na ABA deve ser ampliada para locais ou contextos diferentes, com formatos também distintos.
2. Deve ser realizada uma avaliação inicial que forneça dados específicos sobre comportamentos. E essa avaliação deve ser a base para estabelecer objetivos em curto, médio e longo prazos.
3. A avaliação deve ser constante para analisar e acompanhar todas as metas estabelecidas e manter o crescimento e a aquisição de habilidades determinadas nessas metas. É muito importante que sejam utilizados instrumentos de medidas.
4. Nesse acompanhamento devem estar envolvidos todos os interlocutores do sujeito (familiares, cuidadores, terapeutas, professores...) e as avaliações devem ter como foco a função das habilidades e do comportamento.

Na maioria dos casos, é comum a necessidade de fornecer uma espécie de treinamento para familiares, professores e/ou cuidadores da pessoa com TEA para garantir que as orientações e as atividades ocorrerão em outros ambientes da maneira mais próxima possível ou muito semelhante ao que os terapeutas analistas do comportamento propuseram em ambiente controlado (clínico). Por isso, o trabalho em equipe é fundamental e a supervisão deve ser constante, para garantir que isso está ocorrendo de maneira coerente com o número estabelecido de horas de intervenção.

Educação especial

A partir desses princípios, passa a ser realizado um estudo do comportamento humano e, a partir disso, são planejadas estratégias para reduzir comportamentos negativos, ampliar os considerados positivos e, principalmente, dar suporte para aquisição de novas habilidades. Todos esses estudos são efetivados com base em resultados comprovados cientificamente. Por isso, é possível afirmar que existem princípios que podem ser aplicados tanto em intervenções clínicas quanto educacionais. E existem vários tipos de intervenções (clínicas e educacionais) que levam em consideração os princípios da ABA. Dois exemplos de terapias clínicas e abordagens educacionais com base comportamental são: *picture exchange communication system* (PECS), que é um sistema de comunicação por troca de figuras, e *treatment and education of autistic and related communication-handicapped children* (TEACCH), que é o tratamento e educação para autistas e crianças com limitações relacionadas à comunicação. Estes, sem dúvida, são os exemplos mais comuns de intervenções que levam em consideração ou que têm como base os princípios da ABA.

Normalmente, esses tipos de intervenção são utilizados em casos que precisam de suportes intensivos na rotina diária, tais como: crianças que não se comunicam por meio da fala e que podem emitir outros comportamentos para se comunicar, como: morder, bater, chutar; crianças que possuem comportamentos que podem ser autoagressivos, dentre outros. Essas crianças podem precisar de uma rotina que leve em consideração uma individualidade no planejamento curricular, com ambientes livres de hiperestimulação (visual, auditiva, dentre outras), que utilizem a análise de tarefas como recurso de ensino e avaliação, dentre outros aspectos. Estou utilizando "podem" porque cada caso deverá ser analisado cuidadosamente. Não há um manual para ser aplicado em todas as crianças que forem diagnosticadas com TEA, ainda que possuam características semelhantes.

Estamos falando de crianças que vão precisar de um planejamento educacional individualizado (PEI) e de acompanhamentos também individualizados, além das atividades em grupo e em classe comum. Adiante, no capítulo sobre atendimento educacional especializado (AEE), falaremos um pouco mais sobre o PEI, instrumento extremamente importante para o planejamento pedagógico de alguns sujeitos que fazem parte do

PAEE. Algumas dessas atividades e tarefas individualizadas, se forem organizadas com base nos princípios da ABA, usarão sistemas ou estações de trabalho. Esses sistemas levam em consideração uma previsibilidade visual do que deve ser feito numa dada tarefa, determinando o começo, meio e término dessa atividade. E há sinalizações para cada uma dessas etapas, para que a criança veja que ela terminou e, se for o caso, mudar de atividade.

De modo geral, fiz aqui essa menção à ABA porque, além de muito citada, ela tem sido, frequentemente apontada como única ou a melhor abordagem para crianças com TEA. Na verdade, se considerarmos tudo o que já falamos sobre diferenças e sobre ser necessário considerar as particularidades de cada sujeito, essa afirmação não deve ser levada em conta, pois os sujeitos são únicos e não é porque possuem características ou manifestações semelhantes dentro de um diagnóstico que serão beneficiados pela mesma abordagem clínica ou educacional. Acabamos de discutir sobre os riscos que corremos em relação à categorização. Mas precisamos admitir que o que fortalece muito essa abordagem é o rigor em relação à avaliação, ao planejamento e ao ensino, sistematizados.

Nota-se que essa afirmação tem recebido muito crédito porque, na verdade, os princípios da ABA incluem características que qualquer abordagem deve ter, quais sejam: avaliação frequente; planejamento com objetivos em curto, médio e longo prazos e com base numa avaliação prévia; planejamentos conjuntos (em equipe) com metas de ensino intensivas; e reavaliações constantes desses objetivos. Quando falamos em intensivas, queremos dizer diárias em alguns casos, pois os contextos variam (ambiente domiciliar, escolar, de lazer etc.). Por isso, o estabelecimento de rotinas também é destaque. Quem tiver mais interesse sobre esse tema, sugiro que procure textos e leituras no site da Associação Brasileira de Ciências do Comportamento (ABPMC).

DEFICIÊNCIA INTELECTUAL

As especificidades que permeiam os sujeitos com diagnóstico de deficiência intelectual permanecem como grande desafio, especialmente

Educação especial

no ambiente escolar, e por isso é preciso continuar a problematizar esse tema e, sempre que necessário, lançar mão de apoios interdisciplinares, como aqueles já citados em capítulos anteriores.

De modo geral, as pesquisas atuais sobre esse assunto discutem a deficiência intelectual do ponto de vista dos aspectos históricos que acompanham a realização desse diagnóstico e do ponto de vista do processo de ensino-aprendizagem de estudantes que possuem diferenças em relação ao seu desenvolvimento. Observem que um ponto de vista não exclui o outro. No primeiro, temos pesquisadores que se debruçaram em análises que mostram com detalhes a origem desse diagnóstico em nosso país, tendo como foco central a seleção social de pessoas que teriam direito a frequentar a escola, em determinados períodos históricos. Essa seleção ocorria porque não havia escola para todos. E nessa seleção não estavam presentes somente as pessoas com deficiência, mas uma esmagadora maioria da população brasileira privada de acesso aos bens culturais, de saúde, de educação, dentre outros.

Nessa direção, atualmente existe uma concepção de que não seria necessário esse laudo ou esse diagnóstico na escola se fossem adotadas perspectivas inclusivas nas práticas pedagógicas e, principalmente, se todos tivessem respeitado seu direito à educação. Por isso, ao analisar a fundo essa temática, é nítido que prevalece uma concepção sobre a deficiência intelectual – principalmente em relação à avaliação dessa condição – ligada a critérios que levam em consideração apenas as características do sujeito, voltados para a ideia de fracasso escolar. Isso nos remete à concepção biomédica de deficiência, que abordamos lá no começo do livro.

No segundo ponto de vista, a ideia de adotar práticas diferentes ao longo do processo de ensino-aprendizagem está fortemente presente, mas para alguns pesquisadores o diagnóstico (caracterização do sujeito) poderia facilitar o planejamento de ações específicas voltadas para esses sujeitos, quando eles precisassem de encaminhamento para o serviço especializado. Nesse sentido, seria, sim, importante a adoção de definições e propostas de avaliações, tais como as de instituições reconhecidas internacionalmente, a exemplo da American Association on Intellectual and Developmental

Disabilities (AAIDD). Como dito, esse é um tema complexo que exige o tempo todo problematizações. Essa associação, por exemplo, é a antiga American Association on Mental Retardation (AAMR), que até 2002 definia essa condição como deficiência mental.

De qualquer modo, é importante dizer que os autores responsáveis por essas definições, principalmente a partir de 2002, já apontavam para a necessidade de que a deficiência intelectual não fosse considerada algo inerente à pessoa. Ou seja, não se trata de uma doença ou um transtorno mental, mas sim de uma condição multidimensional afetada positivamente por suportes individualizados e contextualizados que considerem todas as dimensões de participação social desse sujeito. Também nessa época os organizadores do Manual dessa Associação reiteraram que a avaliação dessas pessoas precisava considerar as diversidades culturais e linguísticas, assim como as diferenças na comunicação e nos fatores sensoriais, motores e comportamentais. Isso significa que é necessário acompanhar o tempo todo como os professores estão lidando com essas mudanças e como os profissionais que trabalham com esse público, de um modo geral, estão propondo avaliações.

Então, por mais que as mudanças de nomenclatura tenham a intenção de considerar a influência dos contextos social e cultural nessa condição, continuamos com o compromisso de nos atentar para nossas concepções sobre deficiência, principalmente nas práticas do dia a dia. É sobre os aspectos históricos e sobre o conceito atual da AAIDD que discutirei a seguir.

ASPECTOS HISTÓRICOS

Ao falar sobre deficiência intelectual, é imprescindível nos remeter aos aspectos históricos da educação das pessoas com deficiência em nosso país, ainda que de maneira breve. Esse contexto não pode, jamais, ser esquecido diante dessa temática. Ressalto que as ideias adotadas aqui estão de acordo com o que aponta a pesquisadora Gilberta Januzzi, cuja leitura recomendo ao final deste capítulo.

O histórico de escolarização de pessoas com deficiência em nosso país não apresenta diferenças tão marcantes quando o comparamos, por

Educação especial

exemplo, com a atenção dada à educação pública, de um modo geral. Podemos fazer o seguinte raciocínio: se esse direito era garantido somente àqueles considerados cidadãos por um longo período histórico, as pessoas com deficiência que faziam parte de classes sociais dominantes tiveram acesso à escola. Caso contrário, esse acesso foi dificultado para eles, assim como para a maioria da população. Só foi possível verificar algum tipo de mudança quando a própria classe dominante começou a precisar de mão de obra técnica e de votos.

Porém, a escassez de vagas nas escolas indicou, por conseguinte, a necessidade de processos seletivos que culminaram em diagnósticos de normalidade e anormalidade para justificar o não acesso à escola para algumas camadas populares. De maneira resumida, esses processos funcionavam como mecanismo de seleção social e deram origem a muitos casos de deficiência e de debilidade mental, expressão bastante utilizada à época.

Esse processo não mudou muito ao longo dos anos. No final da década 1980 e começo de 1990, alguns estudiosos do assunto, como Maria Helena Patto, indicaram maneiras diferentes de pensar sobre o fracasso escolar. Nessas análises, ficava nítida a necessidade de retirarmos a culpa por esse fracasso apenas do sujeito e, com isso, outros elementos passavam a ser analisados também, especialmente os relacionados ao contexto sociocultural no qual esse sujeito estava inserido. Isso passou a nos mostrar, mais claramente, que o fracasso escolar é um fenômeno multidimensional, em que há inúmeras responsabilidades envolvidas, sendo uma das principais a desigualdade social.

Por meio de uma análise minuciosa, a pesquisadora Maria Helena Patto chegou a conclusões importantes: as teorias sobre o fracasso escolar que enfatizam o *déficit* e as diferenças culturais precisam ser revistas; o fracasso escolar da escola pública está relacionado às características do próprio sistema que produz obstáculos ao alcance de seus objetivos; e alguns discursos científicos podem naturalizar esse processo. Essa forma de analisar esse fenômeno contribuiu e ainda contribui muito para pensar, por exemplo, sobre as dificuldades de aprendizagem ainda muito presentes na escola e com concepções que demandam mudanças de atitudes diante desses sujeitos. Isso tem muito a ver com as formas de compreensão sobre a deficiência que vimos no primeiro capítulo.

DEFINIÇÃO ATUAL DO DIAGNÓSTICO

Sobre a deficiência intelectual, atualmente, não tem sido viável ou coerente estabelecer diagnósticos precisos para esses sujeitos somente a partir de causas orgânicas, nem tampouco a partir da avaliação da inteligência. Aos poucos, esses critérios estão sendo repensados, em razão da própria evolução do pensamento, que deve respeitar a diversidade nas suas mais distintas dimensões, sem impor padrões de desenvolvimento ou de desempenho, em qualquer que seja a atividade. Nesse sentido, o uso da Classificação Internacional de Funcionalidade, Incapacidade e Saúde, a CIF, tem auxiliado muito os profissionais durante o momento de avaliação e diagnóstico.

Essa definição também tem avançado em relação a uma das principais associações dedicadas a essa temática no que se refere ao diagnóstico, à classificação e aos suportes necessários a essas pessoas, a saber: a American Association on Intellectual and Developmental Disabilities (AAIDD) ou Associação Americana de Deficiência Intelectual e do Desenvolvimento. Reiteramos que, desde 2002, na 10ª edição do Manual da AAIDD, seus autores já alertavam para que a deficiência intelectual não fosse considerada algo inerente à pessoa. Ou seja, não se trata de uma doença ou um transtorno mental, mas sim de uma condição multidimensional afetada positivamente por suportes individualizados e contextualizados. Isso tem a ver com a construção social de deficiência que falamos um pouco no primeiro capítulo. A imposição de um padrão de desenvolvimento humano e de desempenho intelectual gera segregação para os que não atingem esses padrões, e isso tem se modificado graças a um maior respeito pela diversidade humana.

Em 2010, na sua 11ª edição, esse Manual avançou ainda mais, destacando as limitações tanto no desenvolvimento intelectual quanto na conduta adaptativa das pessoas com diagnóstico de deficiência intelectual, expressas em habilidades práticas, sociais e conceituais, com origem antes dos 18 anos de idade. Hoje, essa associação considera a idade de 22 anos. Nós já temos uma atualização desse manual publicada em 2021.

Quando falamos na definição, propriamente dita, do diagnóstico de deficiência intelectual, podemos dizer que as dimensões que devem ser consideradas em relação a esse diagnóstico e, principalmente, aos suportes, são: a) habilidades de funcionamento intelectual, relacionadas, por exemplo, à capacidade de raciocínio, planejamento e resolução de problemas, pensamento abstrato, reelaboração de novos conceitos a partir do que foi aprendido, dentre outros aspectos; b) conduta ou comportamento adaptativo, que se refere à experiência social de cada indivíduo e, portanto, está relacionada à participação social e às práticas adquiridas para corresponder às demandas de sua rotina; c) saúde, em suas dimensões física e mental, considerando especialmente que se trata de um elemento integrado ao funcionamento individual da pessoa com deficiência intelectual; d) participação social, que diz respeito à interação e à participação desse sujeito na comunidade à qual ele pertence, bem como aos papéis que ele desenvolve nela; e) contextos, que descrevem as condições nas quais a pessoa vive, tomando como referência a perspectiva ecológica, que inclui três níveis da vida social: o entorno imediato, a comunidade e outros serviços e as influências gerais da sociedade. Veja esse conceito representado na figura a seguir, elaborada com base no Manual da AAIDD de 2021.

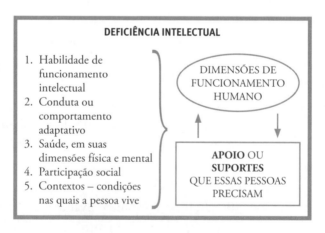

Portanto, essas dimensões devem ser levadas em consideração tanto para a construção desse diagnóstico quanto para o planejamento de intervenções. Se esse diagnóstico for definido sem considerar essas dimensões, ou se no planejamento de intervenções não forem contempladas todas essas dimensões, haverá falhas muito importantes em relação ao desenvolvimento desse sujeito.

Nessa edição de 2021 também foi ainda mais enfatizado que suporte se refere a recursos e estratégias com vistas à promoção do desenvolvimento, da educação, de interesses e bem-estar pessoal, todos com o propósito de aprimorar o funcionamento e a participação do sujeito. Esses sistemas de suporte devem ser integrados, como se fossem uma rede, para que sejam centrados na pessoa, com ações e orientações coordenadas. Isso lembra muito o conceito de intersetorialidade que também será trabalhado neste livro, quando estivermos falando de práticas colaborativas e de intervenções educacionais. Essa leitura sobre os suportes pode ser aprofundada no próprio Manual da AAIDD em sua versão publicada em 2021.

Considerações finais

Neste capítulo foram destacadas as duas condições que, sem dúvida, têm sido as mais frequentes em termos de diagnósticos presentes nas escolas. Isso tem sido motivo de grande preocupação de muitos professores. Considerando todas as ressalvas do primeiro capítulo, o TEA e a deficiência intelectual podem, sim, requerer atenção especial, principalmente por causa das diferenças relacionadas à comunicação, no caso do TEA, e às diferentes experiências sociocognitivas, no caso da deficiência intelectual.

Por isso, fiz também algumas observações levando em consideração exceções que precisavam ser destacadas, não com o intuito de padronizar essas informações relativas a esse determinado público, mas sim para chamar a atenção para características que devem ser observadas nele e que podem ajudar durante a interação e a comunicação e durante seu processo de desenvolvimento e de escolarização de um modo geral.

Reitero que é extremamente importante discutir sobre as concepções relacionadas à deficiência intelectual, porque indicam as expectativas diante dessas pessoas, seja em ambiente domiciliar, social ou escolar. E são essas expectativas que estarão presentes nos trabalhos do dia a dia da escola.

Tratando-se do ambiente escolar, é imprescindível que seja cada vez mais deslocada a culpabilização única da não aprendizagem da criança

Educação especial

com deficiência para um conjunto de outras variáveis. Isso fará também as práticas pedagógicas serem orientadas na direção de tornar o ensino acessível a esses estudantes e, se for o caso, pensar também em uma diferenciação curricular.

Sugestões de leitura

AMERICAN PSYCHIATRIC ASSOCIATION. *Manual diagnóstico estatístico de transtornos mentais DSM-5.* Porto Alegre: Artmed, 2014.

DI REZZE, Briano; ROSENBAUM, Peter; ZWAIGENBAUM, Lonnie et al. Developing a Classification System of Social Communication Functioning of Preschool Children with Autism Spectrum Disorder. *Dev. Med. Child Neurol*, v. 58, n. 9, pp. 942-948, 2016.

ELOI, Débora Santana; MARECO, Kesia Kelen; QUEIROZ, Adriana Gonçalves; LAGE, Carla Ribeiro et al. Adaptação transcultural do instrumento Autism Classification System of Functioning: Social Communication (ACSF: SC) para uso no Brasil/ Cross-cultural Adaptation of Autism Classification System of Functioning: Social Communication (ACSF: SC) for Use in Brazil. *Cadernos Brasileiros De Terapia Ocupacional*, v. 27, n. 2, pp. 293-301, 2019.

JANUZZI, Gilberta. *A educação do deficiente no Brasil*: dos primórdios ao início do século XXI. 2. ed. Campinas: Autores, 2006.

OLIVEIRA, Jaima Pinheiro de. P. *Novo Pronarrar*. Suporte estruturado para a emergência e o desenvolvimento de histórias infantis. Curitiba: CRV, 2019.

OLIVEIRA, Jaima Pinheiro de. Proposta de Análise de Funções Comunicativas em Crianças com Deficiência (PAFCCD). In: OLIVEIRA, Jaima Pinheiro de; MATA, Pereira da Mata; BLANCO, Marília Bazan. (Org.). *Educação infantil linguagem e inclusão escolar*. São Carlos: Editora De Castro, 2021, v. 1, pp. 127-142.

PATTO, Maria Helena. *A produção do fracasso escolar*: histórias de submissão e rebeldia. São Paulo: Casa do Psicólogo, 2000.

Dispositivos legais para organizar uma escola inclusiva

O intuito deste capítulo é o de indicar os principais aspectos de um arcabouço legislativo e de diretrizes nacionais que forneceram e ainda fornecem suportes para a construção de uma escola com perspectiva inclusiva. Tentarei fazer isso de uma maneira mais prática, citando alguns pontos desses documentos e, principalmente, comentando as implicações práticas deles no dia a dia das escolas.

Esse arcabouço possui uma dimensão muito grande, construída a partir da Constituição da República Federativa do Brasil de 1988. São dezenas de documentos e todas essas diretrizes e legislações tiveram e ainda têm como objetivo impulsionar o processo de inclusão escolar no país. Mas não podemos desatrelar essas ações de uma agenda internacional que visa incluir grupos marginalizados socialmente. Claro que há críticas nos países em desenvolvimento sobre o fato de a "inclusão" ser vista como um conceito ocidental, mas, por outro lado, ela foi cada vez mais adotada com base na justiça social e nos direitos humanos, com ações distintas em vários lugares do mundo.

Considerando essa questão e devido à imensidão do arcabouço legal que o Brasil possui em relação a essas políticas públicas que incentivam o processo de inclusão escolar, escolhi apenas seis entre estes documentos para comentar pontos importantes. São eles: Diretrizes Educacionais Para a Educação Especial na Educação Básica (Resolução n. 2 do Conselho Nacional de Educação – Câmara de Educação Básica, de 11 de setembro de 2001); a Portaria n. 13, de 24 de abril de 2007, que instituiu o Programa de Criação das Salas de Recursos Multifuncionais; a Política Nacional de Educação Especial na Perspectiva da Educação Inclusiva, publicada em 2008, após o trabalho de um grupo nomeado pela Portaria 555/2007, prorrogada pela Portaria n. 948/2007; o Decreto 6.949, de 25 de agosto de 2009, que promulgou a Convenção Internacional dos Direitos da Pessoa com Deficiência; a Resolução n. 4 do Conselho Nacional de Educação (Câmara de Educação Básica), de 2 de outubro de 2009, que instituiu as Diretrizes Operacionais para o Atendimento Educacional Especializado na Educação Básica, modalidade Educação Especial; e, por fim, a Lei n. 13.146, de 6 de julho de 2015, a Lei Brasileira de Inclusão (Estatuto da Pessoa com Deficiência).

Conforme mencionei, a ideia não é simplesmente citar tais documentos, mas sim explicar os motivos que os colocam em posição mais importante em relação às conquistas do processo de inclusão escolar no nosso país e que forneceram bases e continuam fornecendo para a organização de uma escola com perspectiva inclusiva.

Será também abordada a tentativa de atualização da Política Nacional de Educação Especial que culminou no Decreto n. 10.502, de 2020, suspenso por inconstitucionalidade ainda em dezembro de 2020. Ao mencionar esse documento, serão pontuados alguns de seus elementos, cuja implementação significaria um retrocesso de décadas de avanços em relação ao processo de inclusão escolar.

A EDUCAÇÃO ESPECIAL E A INCLUSÃO ESCOLAR NO CONTEXTO DA EDUCAÇÃO INCLUSIVA

Chamo a atenção para o título desta seção, pois aqui tentarei diferenciar essas expressões para que, aos poucos, o leitor se familiarize com os conceitos que permeiam vários documentos e falas de muitas pessoas, independentemente do texto que estiver lendo ou da situação de discussão sobre a temática. Essa distinção é necessária para entender expressões e ações previstas nos documentos. Nós já tivemos contato com o conceito de inclusão escolar nos capítulos anteriores, mas aqui ele será reforçado.

A partir das ações efetivadas desde a década de 1990, no Brasil, as matrículas dos sujeitos com deficiência nas escolas regulares aumentaram, embora ainda estejam muito concentradas no ensino fundamental, mais especificamente no ciclo I. Esse aumento de matrículas no ensino regular ocorreu quando o Brasil assumiu compromissos e acordos internacionais, com metas específicas estabelecidas a partir da Declaração de Jomtien (1990) e a Declaração de Salamanca (1994), conforme mencionarei adiante. O aumento expressivo de matrículas em outros países também ocorreu em épocas parecidas com a do Brasil.

Outro aspecto importante que deve ser mencionado é que as reformas educacionais que ocorreram na década de 1990 representaram um marco no consenso de políticas neoliberais apresentadas nesses documentos internacionais, conferências e eventos mundiais, já que eles foram mediados por organismos e organizações internacionais, dentre os quais podemos destacar: Banco Mundial (BM), Banco Interamericano de Desenvolvimento (BID), Organização para a Cooperação e Desenvolvimento (OCDE), Organização dos Estados Americanos (OEA), Comissão Econômica para a América Latina e Caribe (Cepal) e a Organização das Nações Unidas para a Educação, a Ciência e a Cultura (Unesco), dentre outros.

Ao garantir o direito de frequentar a escola regular, em classes comuns, o público-alvo da educação especial (PAEE), para muitos, passou a ser mais um dos entraves do processo de escolarização, muito embora sejam poucos os casos nos quais essa condição exija uma atenção especializada. Acabamos de ver nos capítulos anteriores que algumas dessas especificidades podem demandar uma atenção especial por parte da escola, mas isso requer ações específicas também por parte da sociedade, e não o distanciamento da efetivação desse direito fundamental.

Sem dúvida, a garantia desse direito tem impulsionado, nas últimas décadas, inúmeros esforços de pesquisa com o intuito de tentar mostrar

Educação especial

que qualquer projeto de escola com perspectiva inclusiva requer uma transformação, especialmente, em relação às mudanças de conceitos e atitudes diante da diversidade humana. Portanto, acolher essa diversidade significa, também, buscar conhecimentos novos que respeitem as suas especificidades e ajudem a lidar com elas.

A noção de uma educação com perspectiva inclusiva tornou-se um elemento muito importante do pensamento educacional internacionalmente, e por isso a expressão "educação inclusiva" passou a ser bastante utilizada nos últimos anos. Em muitos lugares, os princípios que organizam essa perspectiva começaram a ser amplamente difundidos e defendidos por organismos internacionais e nacionais, desde as décadas de 1970 e 1980. No caso do Brasil, esse movimento teve menor repercussão antes da década de 1990, porque somente em 1988 foi promulgada uma nova constituição com princípios democráticos.

Um dos movimentos mundiais mais importantes que deram impulso aos princípios da educação inclusiva foi a Conferência Mundial sobre Educação para Todos. Essa conferência ocorreu na cidade de Jomtien, na Tailândia, em 1990. A partir dela foi construída a conhecida Declaração Mundial de Educação para Todos, com definições sobre necessidades básicas de aprendizagem para todos. Os países participantes, dentre eles o Brasil, estabeleceram compromissos que garantiriam a todas as pessoas os conhecimentos básicos necessários a uma vida digna, com vistas a uma sociedade mais humana e mais justa. Ao lado da Convenção de Direitos da Criança (1988) e da Declaração de Salamanca de 1994, é um dos mais importantes documentos internacionais sobre educação.

A Declaração de Salamanca, de 1994, também se constitui um dos documentos internacionais mais importantes relacionados à educação e para a inclusão de pessoas com necessidades educacionais especiais. Esses dois documentos são considerados produto de manifestações de movimentos mais amplos em prol dos direitos humanos e, mais especificamente, para a promoção dos direitos das pessoas com deficiência. Movimentos estes iniciados nas décadas de 1960 e 1970, advindos também da Carta Internacional de Direitos Humanos, de 1948.

Para saber um pouco mais sobre esse documento, sugiro sua leitura da versão disponibilizada no site oficial do governo federal. Esse documento

54

possui implicações importantes em relação aos princípios da educação inclusiva e por isso seu foco foi a expressão "necessidades educacionais especiais", para se valer do princípio fundamental de uma escola com perspectiva inclusiva, qual seja: o de que todas as crianças devem aprender juntas, independentemente de quaisquer diferenças ou dificuldades que elas apresentem.

Portanto, a expressão *educação inclusiva* é comumente utilizada para se referir ao direto à educação de qualidade que os mais diferentes grupos sociais, historicamente excluídos da escola, têm. Assim, quando falamos de educação inclusiva não falamos de grupos específicos, falamos de todos, independentemente se essas pessoas possuem algum tipo de marcador social, linguístico, cultural ou outro. Trata-se de um movimento filosófico e político mundial. E ter direito a uma educação de qualidade significa ter acesso à educação, participar das atividades propostas pela escola e, fundamentalmente, aprender.

Esse conceito mais amplo de educação inclusiva reconhece que as diferenças fazem parte da constituição do ser humano e que uma escola pretensamente inclusiva deve respeitar a convivência com essas diferenças ao longo do processo de formação humana ao qual ela se propõe. Nesse sentido, concorda-se com autores e pesquisadores que dizem que a educação inclusiva é um pressuposto político que indica o tipo de sociedade em que desejamos viver. É preciso compreender, também, que a educação inclusiva é um processo e não uma meta que possa ser alcançada a qualquer momento. Mas, internacionalmente, é vista como uma reforma que apoia e acolhe a diversidade entre todos os estudantes, por isso faz parte também dessa agenda específica, conforme mencionei.

Vejam o quanto isso é importante quando discutimos sobre as concepções de deficiência ao longo do primeiro capítulo. Portanto, acolher essa diversidade significa, também, buscar conhecimentos novos que respeitem as suas especificidades e ajudem a lidar com elas. E isso jamais deve ser tomado como um problema, pois é um direito que deve ser respeitado.

No entanto, mesmo diante desse movimento mundial para a educação inclusiva, o Brasil optou pelo fortalecimento das políticas existentes voltadas especificamente para o público-alvo da educação especial, culminando em diversos documentos legais que dão amparo para que o

Educação especial

processo de escolarização desse público ocorra na escola regular, em sala comum, com apoio especializado, quando esse for necessário. Há duras críticas em relação a essa opção política, pois há autores, por exemplo, que dizem que a partir do momento que se dá ênfase ao aspecto "orgânico" da deficiência ao separar esse público-alvo, reforça-se o argumento de que esses prejuízos orgânicos justificam a impossibilidade de esses estudantes não estarem na escola regular. O mesmo raciocínio pode ser feito em relação ao professor especializado, reforçando a ideia de que esses estudantes são mesmo muito diferentes. Mas não podemos desconsiderar a necessidade de conhecimentos específicos e, principalmente, que podemos ter um professor especializado com uma visão crítica sobre esses aspectos.

Voltando às nossas expressões, aqui já podemos definir, de maneira simples, a segunda: *inclusão escolar*. Já mencionada em capítulos anteriores, essa expressão refere-se, exatamente, ao processo de escolarização do público-alvo da educação especial na escola regular, na sala comum, independentemente desses sujeitos precisarem ou não de suporte especializado dentro dessa escola ou em outro local ou instituição.

Por outro lado, devemos admitir que, para favorecer a educação de todos os alunos, a inclusão escolar precisa ter como base, além da matrícula ou do ingresso do estudante do PAEE na escola, a sua participação efetiva nas atividades propostas e, consequentemente, a construção e a transformação de conhecimentos por eles. E um dos suportes fundamentais para que isso ocorra é a presença de conhecimentos sobre educação especial, com destaque para aspectos que vão desde os saberes teórico-práticos até a efetivação de estratégias pedagógicas, com uso de recursos específicos, capazes de favorecer esse processo de ensino-aprendizagem.

E aqui chegamos à nossa terceira expressão: *educação especial*. Mencionarei três importantes definições para essa expressão. Sem dúvida, a primeira delas é sobre um marco de institucionalização de pessoas com deficiência no país, a partir da criação do Imperial Instituto dos Meninos Cegos, em 1854, e o Imperial Instituto dos Surdos-Mudos, em 1857. Esse marco deu origem à escolarização dessas pessoas em instituições separadas

56

da escola regular. Isso ocorre até os dias de hoje tanto em escolas especiais quanto em classes especiais, mesmo quando essas classes estão dentro da escola regular. Ou seja, quando me refiro à educação especial separada da escola regular, estou falando de um processo de escolarização segregado e sem nenhuma perspectiva inclusiva.

A segunda definição é a que está na Política Nacional de Educação Especial na Perspectiva Inclusiva: trata-se de uma modalidade de ensino que pode ocorrer de maneira exclusiva (em escolas ou classes especiais) e de maneira suplementar e complementar em escolas regulares, sendo esses funcionamentos (na escola regular ou em outra instituição) como suporte especializado para a sala comum. Enquanto modalidade, é assim que ela está prevista na política nacional vigente, de 2008, como modalidade transversal, ou seja, deve funcionar desde a educação infantil até o ensino superior. E por isso as políticas públicas e diretrizes para esse funcionamento são em número alto, pois é necessário que sejam regulamentados esses funcionamentos em todos esses níveis e etapas. Além disso, não é possível implementar políticas públicas sem diretrizes com programas específicos, o que demanda, obviamente, financiamento.

E a terceira definição considera a educação especial um campo ou uma área de conhecimento constituída a partir da década de 1960, com os primeiros movimentos para formação em nível superior, que culminaram em 1972 no surgimento dos cursos de graduação em educação especial, sendo o mais tradicional o da Universidade Federal de Santa Maria, no Rio Grande do Sul. Esse campo de conhecimento tem se dedicado desde essa época a milhares de pesquisas que dão suporte ao processo de inclusão escolar.

Além disso, nesse campo há também pesquisadores que produzem conhecimento para fomentar uma visão mais ampla e coerente com os princípios da educação inclusiva, de modo que, além de uma preocupação com a problematização de questões mais específicas em torno da temática do processo de inclusão escolar, também problematizam questões em prol de um projeto nacional de educação que a valorize de maneira que todos tenham acesso a esse bem cultural e, consequentemente, a uma formação humanizadora e democrática.

Sobre o conceito relacionado à institucionalização, é preciso fazer alguns destaques. Tradicionalmente, em termos práticos, a modalidade de educação especial configurou-se como um sistema paralelo e segregado de ensino, voltado para o atendimento especializado dos sujeitos com deficiência e daqueles com problemas graves de aprendizagem e/ou de comportamento.

Quando tomamos por base leituras críticas com dados detalhados sobre o processo histórico de atenção à escolarização dessas pessoas, como o já mencionado trabalho realizado pela pesquisadora Gilberta Januzzi, é possível verificar que, além de muito tardio, a esse processo esteve atrelado uma compreensão sobre a deficiência como "defeito ou falha" inerente ao sujeito, e que, por isso, ele precisava ser "ajustado". E, infelizmente, essa compreensão ainda circula tanto em formações quanto práticas profissionais, inclusive com nomenclaturas que ainda utilizam termos como "normal" e "anormal" para se referir aos sujeitos.

De novo, alerto para a importância do conteúdo do primeiro capítulo. Esse histórico do processo de escolarização dessas pessoas tem muito a ver com essas compreensões, que infelizmente ainda precisam avançar muito.

Somente a partir das últimas décadas, em função de novas demandas e expectativas sociais e, principalmente, dos avanços em relação à concepção de escola como instituição de prática democrática, os profissionais do campo (área de conhecimento) da educação especial voltaram seus esforços para a busca de outras formas de compreender o desenvolvimento das pessoas com deficiência e, principalmente, de obter alternativas de absorção desses sujeitos nas redes de ensino regular.

Por outro lado, não podemos negar que algumas ações políticas, sem dúvida, contribuíram (e ainda contribuem) para que essa concepção segregadora e de incapacidade desses sujeitos sofresse mudanças, e muitas são as barreiras que ainda impedem mudanças mais significativas, especialmente no que se refere às formas de compreender a deficiência e que implicam diretamente atitudes de profissionais e de professores diante desses sujeitos. E a partir dessas ações políticas também surgiram diversos dispositivos legais que ajudam, atualmente, a escola se organizar para construir uma perspectiva inclusiva. São esses dispositivos que destacaremos a partir de agora.

DISPOSITIVOS LEGAIS E SUAS IMPLICAÇÕES PARA A PRÁTICA

Sem dúvida, o início do século XXI representa um importante marco temporal para o estabelecimento de uma política educacional brasileira com perspectivas mais democráticas e inclusivas, especialmente voltadas para o público-alvo da educação especial. Foi possível visualizar na atual política educacional práticas pedagógicas diferentes de todas as realizadas até então com esse público. Um dos destaques em relação a essas mudanças é a matrícula de todos os alunos em classe comum e a existência de um atendimento educacional especializado (AEE) que fornece suporte a esse processo de escolarização. A seguir, destacamos seis dispositivos legais importantes para que isso pudesse ocorrer.

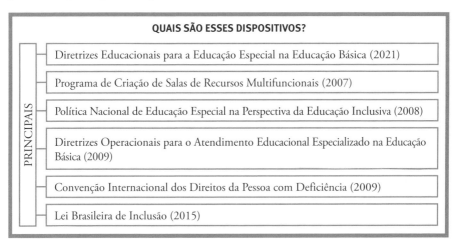

Há uma série de documentos que, sem dúvida, impulsionaram o processo de inclusão escolar no país, mais expressivamente a partir da década de 1990. Mas é importante dizer que a possibilidade de escolarização do PAEE em escolas regulares é mencionada desde a primeira Lei de Diretrizes e Bases da Educação, publicada em 1961 e atualizada em 1971, documentos nos quais há a indicação do direito dos "excepcionais" à educação, preferencialmente, dentro do sistema geral de ensino.

De qualquer modo, serão destacados aqui apenas esses seis dispositivos, por compreender que eles tiveram implicações mais diretas em relação a esse processo até os dias atuais, a despeito da Lei Brasileira de Inclusão (2015), que também alavancou esse processo nas escolas privadas. A seguir, nas figuras, serão destacados alguns pontos principais de cada um desses dispositivos, com observações sobre as implicações deles na prática.

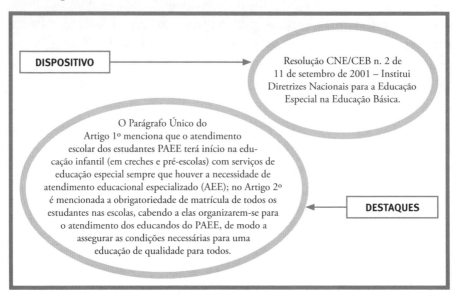

IMPLICAÇÕES DO DISPOSITIVO 1 NA PRÁTICA

A Resolução CNE/CEB n. 2, de 11 de setembro de 2001, proporcionou um crescente aumento de matrículas de estudantes do PAEE nas escolas regulares, pois foi a partir dela que a matrícula se tornou compulsória. Antes, já era possível observar o ingresso de estudantes do PAEE nas escolas regulares, porém, a impressão que tínhamos era a de que essas matrículas eram aceitas para os casos que a escola julgava "serem mais fáceis de lidar", ou casos nos quais as crianças pareciam apresentar "menos comprometimentos em seu processo de desenvolvimento". Isso seguia, portanto, um padrão de integração, no qual a criança era "preparada" para ingressar na escola regular, caso apresentasse algum tipo de impedimento físico, sensorial ou outro.

É importante destacar que nenhum documento, incluindo este que indica a obrigatoriedade de matrícula, extinguiu a possibilidade de essa escolarização ocorrer em ambientes segregados (escolas especiais) ou em classes especiais. Mas foi a partir desse momento que os governos (nas três esferas) se mobilizaram para melhorar e providenciar outras diretrizes com foco nos suportes especializados (atendimento educacional especializado) nas escolas e na formação de professores. A formação de professores especializados (com habilitações) que ocorria até o momento era mais voltada para a atuação em escolas e classes especiais, cuja abertura foi extremamente incentivada a partir da década de 1970.

Porém, essa formação especializada ocorria em poucos lugares do país, fazendo com que muitas pessoas se deslocassem de outros estados para ter acesso a essa formação. E foram esses mesmos professores que forneceram suporte para o funcionamento inicial do atendimento educacional especializado (AEE), muito embora mantivessem um funcionamento nos moldes das classes especiais.

Nesse momento, o AEE passou a ser a principal estratégia pedagógica da escola regular para oferecer respostas às necessidades dos estudantes do PAEE, favorecendo também o acesso desse público ao currículo. Essas demandas também mobilizaram um pouco esse modelo, mas ainda hoje precisamos que ocorram muitas mudanças nesse atendimento. Isso será abordado com mais detalhes no capítulo sobre o trabalho colaborativo entre os professores do AEE e da sala comum.

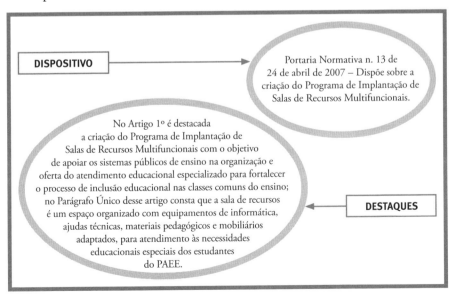

IMPLICAÇÕES DO DISPOSITIVO 2 NA PRÁTICA

A Portaria Normativa n. 13, de 24 de abril de 2007, também foi uma das principais ações, com implicações diretamente na prática, advindas de políticas anteriores. Por meio dela foram criadas as Salas de Recursos Multifuncionais espalhadas pelo Brasil. A adesão de quase todos os estados foi muito rápida. E, junto à criação dessas salas, professores de praticamente todo ao país também receberam formação continuada relacionada ao programa e ao serviço que deveria funcionar dentro dessas salas, qual seja: o AEE.

No site do governo federal há um documento orientador desse Programa de Implantação das Salas de Recursos Multifuncionais, que contém de maneira detalhada: os critérios para que ocorra essa implantação; orientações sobre como ocorre a institucionalização do AEE no projeto político-pedagógico; a instituição das principais funções do professor do atendimento educacional especializado (AEE), o que implicará aspectos da formação especializada desse profissional, dentre outros.

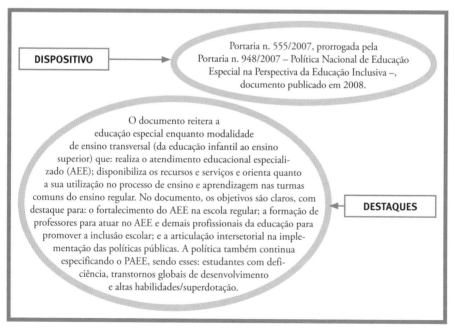

IMPLICAÇÕES DO DISPOSITIVO 3
NA PRÁTICA E ARTICULAÇÃO COM O DISPOSITIVO 4

Produto do trabalho do grupo nomeado pelas Portarias n. 555/2007 e n. 948/20074, o documento definitivo da Política Nacional de Educação Especial na Perspectiva da Educação Inclusiva (PNEEPEI) foi, sem dúvida, um dos dispositivos que mais fortaleceram as ações políticas para o AEE, a exemplo do Dispositivo 4 (Resolução n. 4, de 2 de outubro de 2009, que instituiu as Diretrizes Operacionais para o Atendimento Educacional Especializado na Educação Básica, modalidade Educação Especial).

Mas não podemos nos esquecer de que essas ações já vinham ocorrendo e há duras críticas em relação ao texto da Política Nacional, porque ao invés de avançar em relação às concepções de Educação Inclusiva, em circulação mundial, ela opta por um texto específico voltado para o PAEE (reiterado). Além disso, ainda que tenha incorporado o conceito de deficiência presente na Convenção Internacional, cuja compreensão remete ao modelo social de deficiência, a política não avançou em relação ao modelo ou às possibilidades de trabalho conjunto entre o AEE e a sala comum.

E isso pôde ser observado quando tal modelo foi reiterado em documentos posteriores, como se vê no Dispositivo 4 (Resolução n. 4/2009), que preconiza que o AEE deve ser realizado, prioritariamente, nas salas de recursos multifuncionais da própria escola ou em outra do ensino regular no turno inverso da escolarização. Ora, se o atendimento pode ocorrer em outro lugar, é bem possível que esses professores nem se encontrem ao longo da semana. Como esse trabalho conjunto vai acontecer, então? Se ele deve ser realizado, de maneira prioritária, na sala de recursos, de que modo o professor do AEE vai auxiliar o professor da sala comum em atividades do dia a dia, a fim de que promovam juntos a participação efetiva do estudante com deficiência? Essas são algumas das questões que serão exploradas no próximo capítulo, destinado exclusivamente ao AEE.

Educação especial

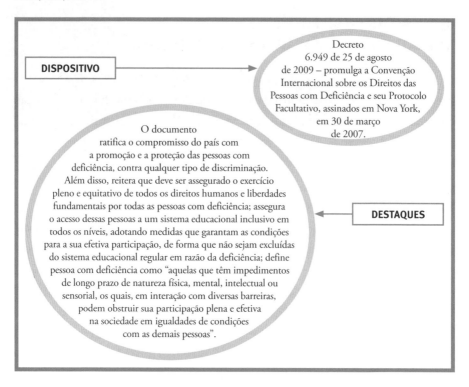

IMPLICAÇÕES DO DISPOSITIVO 5
NA PRÁTICA E ARTICULAÇÃO COM O DISPOSITIVO 6 (LBI)

Com a promulgação da Convenção sobre os Direitos das Pessoas com Deficiência, o país assume o compromisso de assegurar o acesso desse público a um sistema educacional inclusivo em todos os níveis.

Ao longo do documento são especificados todos os direitos que devem ser assegurados, em todas as áreas, com a finalidade de promover maior participação social das pessoas com deficiência. Esse, sem dúvida, foi um dos documentos mais importantes dentre aqueles que embasaram a construção da Lei Brasileira de Inclusão (LBI) e que traz uma definição que acompanha o modelo social de deficiência.

Sobre a LBI, o Estatuto da Pessoa com Deficiência, nosso Dispositivo 6, uma observação importante é a de que ela apresenta a pessoa com deficiência com uma concepção de independência, autonomia e respeito às suas escolhas. Isso foi uma das maiores conquistas, sobretudo em relação à pessoa com diagnóstico de deficiência intelectual, pois considera a pessoa com deficiência como sujeito dotado de dignidade e capaz de gerir a sua própria vida.

Outros dois avanços que podemos destacar nessa Lei referem-se ao direito que essas pessoas passaram a ter de "casar ou constituir união estável e exercer direitos sexuais e reprodutivos em igualdade de condições com as demais pessoas" e à garantia do processo de tomada de decisão apoiada, ou seja, caso necessitem de um apoio ou suporte de alguém de confiança para tomarem uma decisão, isso é possível, especialmente em relação aos negócios patrimoniais.

Por fim, outro fato pouco percebido é que essa legislação impulsionou o acesso de crianças com deficiência em escolas da rede privada, já que antes a obrigatoriedade de matrícula era interpretada apenas para a escola pública. Claro que muitas escolas privadas já acolhiam essas crianças, mas em um número menos expressivo, com certeza. É necessário, porém, dar mais atenção à estrutura de funcionamento dos suportes especializados, quando necessários, já que seu funcionamento é bastante distinto da estrutura presente na escola pública, com certeza, por demandar profissionais especializados e também apoio de material específico.

AS TENTATIVAS DE MUDANÇAS NA POLÍTICA NACIONAL DE EDUCAÇÃO ESPECIAL

Especialmente a partir de 2016, passaram a ocorrer tentativas de alteração nas políticas públicas de educação especial no país. Trata-se de uma questão que tem relação direta com as mudanças que ocorreram no cenário político nacional e que, como se sabe, interferiram diretamente em várias áreas – com a educação não seria diferente.

Uma intensa movimentação, iniciada em 2016, começou a se dar no Ministério da Educação para promover uma atualização da Política Nacional de Educação Especial na Perspectiva da Educação Inclusiva (PNEEPEI), de 2008. Compreendemos que essa atualização é necessária, tendo em vista o quanto ainda precisamos avançar nas ações em relação ao processo de inclusão escolar e, principalmente, na própria perspectiva

Educação especial

de educação inclusiva dessa política. Mas não podemos negar que muitos avanços foram originados dela, a exemplo do atendimento educacional especializado, principal suporte de colaboração para promover a inclusão escolar dentro da escola regular.

No entanto, as propostas ventiladas em relação a essas possíveis mudanças não caminharam nessa direção, já que uma das principais que foram divulgadas preconizava um recuo em relação ao processo de inclusão escolar.

No dia 30 de setembro de 2020 foi publicado o Decreto 10.502, que pretendia instituir a Política Nacional de Educação Especial: Equitativa, Inclusiva e com Aprendizado ao Longo da Vida. Pretendia, porque ele foi imediatamente suspenso, em razão de sua inconstitucionalidade. Houve muitas manifestações contrárias ao conteúdo dele, incluindo de instituições especializadas e de escolas especiais. Essas manifestações contrárias compreenderam que a proposta era um grande retrocesso em relação ao processo de inclusão escolar.

Há vários aspectos que poderiam ser explorados para explicar por que essa política foi considerada um retrocesso e também inconstitucional. O primeiro foi a definição de "aprendizado ao longo da vida" e, portanto, fora da escola. Isso indica que a política educacional não priorizava a escola ou a educação escolar para os sujeitos do público-alvo da educação especial. Isso fere seu direito fundamental constitucional à educação. Ao longo de todo o texto do Decreto é possível verificar que, na maioria dos momentos "escolares", esses sujeitos não estão na classe comum, mesmo quando aparecem na escola regular. Isso significa que o princípio básico do processo de inclusão escolar foi extinto. Inclusive ao longo do texto, a expressão "salas de recursos multifuncionais" também não aparece dessa forma. E sabemos que essas salas são suportes essenciais para o AEE na escola regular.

Na Política Nacional de Educação Especial na Perspectiva da Educação Inclusiva, política vigente, publicada em 2008, o incentivo se dá no sentido contrário. O processo de inclusão escolar é muito incentivado, de modo que os estudantes do PAEE estejam nas classes comuns participando das atividades junto com todos. E, por isso, os inúmeros esforços atuais em relação a (re)pensar modelos de AEE que forneçam apoio para que isso continue ocorrendo, efetivamente. E, fundamentalmente, para que esse suporte seja ampliado, já que mais da metade dos estudantes do PAEE ainda não contam com ele nas escolas regulares.

No texto também chama a atenção a indicação de que esses estudantes não estão se beneficiando das escolas regulares. Se isso ocorre, qual medida adotar? Retirá-los da escola regular seria uma alternativa plausível e justa? E são só esses estudantes que não se beneficiam dela? Ela é de excelência para os que não fazem parte do PAEE? A escola não precisa de melhorias? Não seria necessário então discutir os motivos pelos quais eles não estão se beneficiando dela, ao invés de retirá-los de lá? Ou será que a escola regular é destinada só para alguns, como acontecia em séculos anteriores? E o direito à educação que todos possuem? Esses são apenas alguns dos questionamentos que se impõem diante da leitura do texto do decreto.

É preciso, sim, avançar na política nacional e em suas diretrizes, mas para isso é necessário, por exemplo, ampliar os investimentos na área de educação, e não reduzi-los, como temos observado, e avaliar como têm sido acolhidos os estudantes do PAEE nas escolas. As escolas têm suporte suficiente quando precisam? A formação continuada de professores tem avançado e tem sido amparada, como vimos ser garantida em alguns documentos oficiais? Para que houvesse uma mudança nessa política, seria necessária, no mínimo, uma avaliação criteriosa de todos os aspectos envolvidos nela e, principalmente, uma avaliação dos suportes fornecidos pelo Estado para esse crescimento ao longo dos últimos anos. Na literatura especializada, existem muitos dados que dão suporte a essa avaliação, a exemplo de projetos em grande escala, como o Observatório Nacional de Educação Especial conduzido e coordenado pela pesquisadora Enicéia Gonçalves Mendes, da Universidade Federal de São Carlos (UFSCar). E por falar em pesquisa, no documento não são citados os milhares de pesquisas do campo da educação especial, conduzidos ao longo de décadas no país, com o intuito de contribuir para a melhoria do processo de inclusão escolar.

Outro ponto que merece destaque e que infelizmente precisa ser observado o tempo todo é a articulação entre economia e educação, do ponto de vista de interesses político-partidários e de interesses de outros

Educação especial

organismos mundiais. Esses organismos mundiais que interferem diretamente na educação e na economia de países em desenvolvimento têm incentivado a privatização da educação básica há muito tempo. Comentamos um pouco sobre isso no capítulo sobre os dispositivos legais.

Nesse Decreto de 2020 que tentou mudar a política vigente são reforçados princípios que incentivam a iniciativa privada em relação às instituições especializadas. Então, ao invés de o Estado investir na escola pública, ele fornece apoio e subsídios para a iniciativa privada, como acontecia em décadas anteriores e no século passado. Sabemos que é necessário melhorar o suporte para a inclusão escolar na escola regular, ampliando os serviços de AEE, por exemplo. Isso não significa extinguir as escolas ou classes especiais, pois isso nunca aconteceu e talvez nunca acontecerá. Elas continuarão existindo, mas não podemos incentivá-las a ponto de serem mais viáveis ou mais importantes do que a escola regular, com perspectiva inclusiva. Trata-se de um princípio de garantia de direitos constitucionais e, portanto, de justiça social.

Quando não priorizamos esses direitos e os princípios de justiça social, estamos reforçando estigmas e valores que faziam parte de uma concepção moral e/ou religiosa sobre as pessoas com deficiência. Ou seja: estamos fazendo caridade a elas, acolhendo-as, como coitadas, em instituições que as segregam da sociedade na qual elas vivem. Isso reforça também que a sociedade, além de não respeitar, é intolerante com as diferenças humanas e por isso julgam que é necessário excluí-las.

Por fim, há ainda no texto desse Decreto a argumentação de poder de escolha da família em relação ao processo de escolarização de seus filhos. Esse argumento é muito falho, já que não são oferecidas opções de excelência para essa escolha e, principalmente, não existe clareza em relação ao significado dessas escolhas para famílias leigas. Se a família tivesse a clareza do que significa o direito à educação e as oportunidades que são abertas aos sujeitos quando esse direito é garantido e efetivado, com certeza optaria por isso. Assim, seus filhos se beneficiariam do acesso a uma formação que lhes proporcionaria dignidade e, principalmente, oportunidades de participação social, a exemplo do trabalho, da independência e da autonomia, fundamentais para uma formação humana.

Ademais, destacados tais pontos, penso ser importante reforçar alguns conteúdos mencionados em capítulos anteriores, especialmente no primeiro. Um desses pontos é a necessidade de conviver com a diferença. Essa convivência sempre nos foi transmitida do ponto de vista negativo, quando as famílias escondiam essas pessoas em casa, por exemplo. Por isso, ver uma pessoa com deficiência na rua nunca fez parte do cotidiano da maioria de nós. Hoje isso é possível por causa dos avanços em relação à compreensão das pessoas sobre diversidade e diferenças e, claro, por causa dos princípios de justiça social, que não existiam antes. Se não convivermos com as pessoas com deficiência, nunca iremos nos acostumar com elas, assim como com outras diferenças.

Por isso, as políticas públicas são tão necessárias. São elas as responsáveis pelo acolhimento de famílias, por meio da assistência social, serviços de saúde, de educação, dentre outros. E por isso algumas pessoas se sentem incomodadas com as discussões e as cobranças em relação a essas políticas públicas. E é também por isso que em alguns casos torna-se inevitável a vinculação com as políticas partidárias, pois existem grupos ou coletivos que defendem os princípios de justiça social e é por meio dessa representação coletiva que muitos direitos são garantidos.

Também no primeiro capítulo dei exemplos sobre o quanto o movimento social das pessoas com deficiência foi importante para muitas conquistas que temos hoje. Muitas dessas conquistas podem não garantir ou podem não ter contemplado todas as suas reivindicações, mas houve avanços, sem dúvida.

Considerações finais

Considera-se, dentro da área da educação especial, que houve muitos avanços, mas é preciso se atentar para o quanto ainda é necessário crescer, especialmente em relação ao suporte especializado e à forma de funcionamento do serviço de atendimento educacional especializado. Isso significa que, embora esses avanços tenham ocorrido, é preciso continuar e não retroceder, como a tentativa de mudança na política nacional que, infelizmente, quase aconteceu.

Educação especial

Alguns dos documentos que foram aqui destacados deixaram clara uma posição que não impulsionou uma política de formação de professores que pudesse conceber o conceito de educação inclusiva numa perspectiva de justiça social. E, com isso, a maior parte das políticas públicas de ou para a educação especial na perspectiva da educação inclusiva assumiu um caráter mais técnico de suporte aos sujeitos com deficiência matriculados na escola regular, com destaque para a implementação das salas de recursos multifuncionais (SRM) e as atribuições dos professores que prestam o serviço especializado (atendimento educacional especializado) nessas salas.

Reiteramos que há duras críticas sobre esse funcionamento engessado, quando ele ocorre somente dentro da sala de recursos multifuncionais, deixando de aproveitar oportunidades ímpares de colaboração com o professor da sala comum e, consequentemente, de ampliação da participação dos estudantes do PAEE nesse ambiente. Mas precisamos lembrar, também, que os documentos são diretrizes para orientar o funcionamento básico desse serviço, pois a gestão escolar também tem seu papel fundamental junto à equipe escolar, para que seja proposta uma forma de trabalho que traga benefícios aos estudantes e aos profissionais envolvidos, inclusive sem sobrecarga de trabalho.

Se a escola pretende de fato ter uma perspectiva inclusiva, é necessário o envolvimento de todos os membros da equipe escolar no planejamento de ações e programas voltados à temática. A realidade tem demonstrado que a atuação da equipe gestora é muito importante para a configuração de uma cultura escolar inclusiva, que deve ser construída no dia a dia. Sem dúvida, aqui já começa o papel imprescindível do pedagogo, já que essa é uma das possibilidades de formação inicial do gestor escolar. No nosso próximo capítulo, falaremos um pouco sobre essa formação dentro do contexto da inclusão escolar.

A formação em Pedagogia no contexto da inclusão escolar

Agora que conhecemos um pouco mais sobre o conceito ou as compreensões sobre deficiência, quem é o público-alvo da educação especial e, especialmente, aprendemos a diferenciar os conceitos de educação especial, inclusão escolar e educação inclusiva, podemos ir diretamente ao ponto para falar sobre a formação em Pedagogia no contexto de uma escola com perspectiva inclusiva.

A Pedagogia recebeu destaque aqui por ser responsável pelas etapas iniciais da educação básica e, portanto, por ter grande relevância no trabalho com crianças. Essa formação é a que fornece base para os profissionais ou professores que atuam ou pretendem atuar na educação infantil e nos anos iniciais do ensino fundamental, etapas de escolarização decisivas para a formação de todos os sujeitos. Existem outros campos de atuação do pedagogo, claro, mas destacaremos aqui seu papel como professor dessas etapas iniciais da educação básica, porque tem fundamental importância na promoção do processo de inclusão escolar.

Sem dúvida, ao longo das últimas décadas, um dos maiores desafios, que permanece até os dias de hoje, é formar professores que atuem com uma perspectiva inclusiva. E além desse ainda há o desafio para os gestores: como organizar ou propor escolas com perspectiva inclusiva diante de cenários tão complexos e diversos como os da educação brasileira, já que não existe um sistema educacional com bases comuns de funcionamento?

Do ponto de vista do professor, abordarei um dos elementos relacionados à temática de inclusão escolar que deve permear essa formação para atuar nessas etapas de escolarização, a saber: o processo de construção e apropriação da linguagem em crianças que fazem parte do público-alvo da educação especial, com atenção para as crianças que não desenvolveram a fala ou falam com muita dificuldade. Essa condição é chamada de "necessidades complexas de comunicação" (NCC).

Todas as expressões novas serão devidamente explicadas ao longo do capítulo. Há elementos no processo de aquisição da linguagem de crianças com NCC que são diferentes e que requerem atenção especial, seja durante a interação com seus pares e interlocutores da escola no dia a dia, seja para que elas tenham acesso ao currículo escolar.

Para exemplificar e começar a aproximar o leitor dessas questões, esclareço que me refiro, por exemplo, às crianças que não se comunicam por meio da fala e que não possuem, necessariamente, uma deficiência intelectual associada a uma deficiência auditiva. Mencionei deficiência auditiva porque há uma diferença entre essa definição e a definição de surdez, considerada nos documentos do Ministério da Educação, para distinguir os usuários da Língua Brasileira de Sinais (Libras) em relação àqueles sujeitos que têm uma perda auditiva e utilizam aparelho de amplificação sonora individual (AASI) ou que adaptaram implante coclear e utilizam a linguagem oral (língua portuguesa) para se comunicar, com apoio na leitura orofacial. Em textos de especialistas na área de surdez, é possível se apropriar com mais clareza desse conteúdo, e para isso sugiro os textos das professoras Cristina Lacerda e Ronice Quadros, recomendados ao final deste capítulo.

Aqui mencionarei sobre as crianças que não conseguiram ou não conseguem desenvolver a fala, por outros motivos inerentes à sua condição de deficiência, mas cuja língua materna é a língua portuguesa. Por exemplo: crianças com paralisia cerebral que não conseguem falar, crianças com transtorno do espectro autista que usam a fala de maneira limitada ou que não falam.

Usarei o tempo todo o termo "crianças" e, por isso, desde já, quero destacar também que a expressão "escolarização" talvez não seja adequada para se referir à educação infantil, em razão das particularidades dessa etapa e, fundamentalmente, das concepções de criança. Por isso, apesar de precisar usar essa expressão ao longo deste capítulo, faço a ressalva de que estou me referindo ao processo de entrada ou ingresso nessa primeira etapa da educação básica.

NOÇÕES BÁSICAS SOBRE A AQUISIÇÃO E/OU CONSTRUÇÃO DA LINGUAGEM

Sem dúvida, o processo de aquisição e construção da linguagem e, consequentemente, a comunicação são os maiores desafios para os pais e os mais distintos profissionais que atuam com sujeitos com deficiência, em especial aqueles que possuem alterações em seu desenvolvimento que os impedem, por exemplo, de desenvolver a fala. A comunicação está relacionada diretamente aos processos de desenvolvimento e de ensino-aprendizagem e inúmeras podem ser as barreiras que impedem interações sociais e, portanto, o uso funcional dessa comunicação. São essas experiências que impulsionarão a aquisição e a construção da linguagem e, por isso, quando falamos de contextos que envolvem crianças em fase de aquisição e apropriação linguística a atenção deve ser redobrada.

Em meio a essa temática, partimos do pressuposto de que esse processo de aquisição e construção da linguagem de sujeitos com deficiência tem como base os mesmos princípios em relação aos das crianças sem deficiência. Estou enfatizando as crianças com deficiência, porque no PAEE elas são as que podem apresentar diferenças nesse processo, em razão das mais distintas condições neurossensoriais, neuropsicomotoras, cognitivo-linguísticas e cognitivo-intelectuais. Para essa discussão, estou considerando também que crianças com transtorno do espectro autista são crianças com deficiência.

Educação especial

E, diante de dificuldades e atrasos nesse processo, esses sujeitos precisam de apoios especializados nos mais diversos ambientes de interlocução, com especial atenção para a escola, pois algumas dessas crianças podem estar em período integral nessa instituição. Além disso, fica claro que a escola – um dos principiais ambientes de apoio nesse processo – também precisará de suporte especializado, ao longo da escolarização desses sujeitos, dado o caráter essencialmente interdisciplinar da educação especial e de todos os aspectos que permeiam a inclusão escolar.

Para fins de orientação de leituras, no contexto do processo de aquisição e construção da linguagem, mencionarei aqui os conceitos de linguagem que se aproximam de uma vertente interacionista, sem desconsiderar os aspectos cognitivos do desenvolvimento humano. Nessas concepções, encontramos a ideia de um sujeito que se constitui nas ações linguísticas e, fundamentalmente, a noção de um sujeito que participa de seu processo de construção do conhecimento, a partir de mediações sociais. Esses conceitos são amparados por diversos autores, dentre os quais destaco Vigotski. Farei sugestões de leitura sobre ele ao final do capítulo.

Nessa concepção, a linguagem é um sistema simbólico fundamental que o indivíduo usa para se comunicar, estabelecer interações com seu grupo social, cultural, e construir suas funções psicológicas superiores. Simbólico, no sentido de ser construído e compartilhado socialmente, permitindo a comunicação entre os sujeitos durante as interações sociais. Mas não se trata de um objeto, e sim de algo que ajuda na construção dos processos psicológicos superiores, e, por isso, é diferente dos objetos ou instrumentos. Essas funções psicológicas superiores são: atenção, memória, raciocínio, capacidade de resolução de problemas, julgamento, interpretação, dentre inúmeras outras que estão diretamente ligadas aos aspectos cognitivos.

Sendo um pouco mais específica, poderia dizer também que a linguagem é um fenômeno sociocognitivo que atribui uma capacidade restrita aos seres humanos de **expressar** e **compreender** sentimentos, sensações, informações, opiniões, desejos, proporcionando trocas interacionais. Fenômeno cognitivo, no sentido de considerar o pensamento, as funções cognitivas (funções mentais superiores já mencionadas) e, portanto, a subjetividade do sujeito. E um fenômeno social, por causa da dependência do outro ou das interações sociais.

A formação em Pedagogia no contexto da inclusão escolar

Disso deduzo que a criança só irá construir linguagem na interação com o outro, por exemplo: ouvindo, vendo, tendo sensações proprioceptivas, imitando o outro. Nesses momentos, a criança vai falar, sinalizar, indicar uma imagem (ou símbolo), entregar um símbolo ou uma imagem a alguém, somente se estiver diante de oportunidades de usar a linguagem.

Diante disso, são vários os teóricos que afirmam que essa construção ou apropriação da linguagem é o único caminho para a constituição do indivíduo enquanto sujeito. Sem essa apropriação, por meios distintos, essa constituição não ocorrerá de maneira satisfatória ao longo do processo de constituição humana e, portanto, esse sujeito não desenvolverá uma comunicação autônoma e eficiente, ficando sua comunicação restrita apenas às funções básicas de sobrevivência ou de satisfação de necessidades pessoais. Isso afetará diretamente sua participação social.

Nesse contexto, não podemos esquecer que as instituições mais próximas da criança e a sociedade são, em geral, responsáveis por proporcionar interações sociais ricas durante o período de desenvolvimento, para, enfim, propiciar essa complexa formação humana. Essa noção de constituição do sujeito tem a ver com a possibilidade de pensar e assumir uma posição em relação a valores ou situações. E isso só é possível por meio de diálogos e de uma comunicação autônoma.

É por isso que, nessa concepção, é evidente que a existência do sujeito depende da relação com o outro e dando-se enorme importância às relações sociais e interações sociais como base nessa constituição. Por esse motivo, estou reforçando tanto esse aspecto, mesmo correndo o risco de ser repetitiva.

E, sem dúvida, uma das instituições responsáveis por oportunizar essas situações de produção linguística é a escola. Essa importância é ainda maior se nela forem valorizados os cenários de diversidade e diferenças, sem se preocupar com os padrões para o desenvolvimento linguístico, porque quando são estabelecidos esses padrões, consequentemente, a escola está transmitindo a ideia de que deseja um único modelo de criança. Esse mesmo raciocínio pode ser feito em relação ao processo de aquisição e construção da linguagem escrita.

75

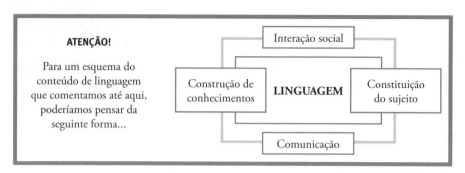

Com esse conceito um pouco mais desenvolvido, passarei a outros aspectos que ajudam a ter pelo menos um parâmetro em relação às manifestações desse processo de construção da linguagem. Refiro-me, especificamente, aos três elementos que constituem a base desse processo, quais sejam: a **forma** ou os meios que o sujeito usa para se comunicar, o **conteúdo** emitido por esse sujeito e as **funções** comunicativas presentes na comunicação.

Em relação às formas ou meios comunicativos, os mais comuns são: gestos, vocalizações e a fala inteligível (que todos compreendem).

De maneira simples, podemos definir os gestos como atos comunicativos construídos com base nas características dos objetos ou ações que os representam. Exemplos: estender os braços horizontalmente na lateral do corpo para indicar um "avião" ou apontar com o polegar estendido em frente à boca aberta para indicar "bebida". No caso de uso entre adultos, em algumas regiões do Brasil, este último exemplo pode indicar também "embriaguez".

Muitos pesquisadores concordam que os sentidos dos gestos são atribuídos pelos adultos, já que são adquiridos por meio da imitação em trocas comunicativas entre crianças e adultos. A seguir, o Quadro 3 ajuda a sistematizar e exemplificar os principais meios de comunicação.

Quadro 3 – Formas de comunicação ou meios comunicativos utilizados pelas crianças

Tipos isolados	Alguns exemplos e definições complementares.
Gestos	Dar tchau; mandar beijo; ação motora de um bebê abrindo os braços em direção ao interlocutor (e/ou mediador) para que ele o pegue no colo; puxar um brinquedo para perto de si; pegar a mão do interlocutor (e/ou mediador) com a intenção de levá-lo até um brinquedo ou até um objeto, dentre outros.

Vocalizações	Emissões comuns de bebês ("gugu", "dá", "mama", "ti"); emissões verbais ininteligíveis (sem gestos) de crianças pequenas; fala (sem gestos) de crianças maiores que não são passíveis de compreensão por todos os adultos, dentre outras.
Fala inteligível	Emissões de palavras, frases simples e frases compostas que todos ou a maioria das pessoas compreendem.

Fonte: Oliveira (2021).

Importa ressaltar que esses meios podem se manifestar de maneira associada. Exemplo: a criança aponta para um objeto e emite uma vocalização. Os gestos e as vocalizações são **meios** comunicativos encontrados nos processos de aquisição da linguagem de crianças que vão desenvolver a fala, ainda que tenham dificuldades ao longo desse processo, ou que essa fala não seja compreendida por todas as pessoas. Mas as crianças com dificuldades neuromotoras também podem desenvolver gestos e vocalizações de maneira muito particular. Nesses casos, o interlocutor mais próximo dessa criança consegue interpretar tais gestos e é capaz de ampliá-los ao longo dessa comunicação. Por isso, é comum encontrarmos díades (mãe-criança) com uma comunicação particular em que a compreensão ocorre somente entre elas.

As crianças que não possuem impedimentos em relação ao desenvolvimento da fala, ao longo desse processo, irão substituir grande parte desses gestos e vocalizações por essa fala, num processo contínuo que deverá ser aperfeiçoado por volta dos 4 anos de idade. Esse processo tem a ver apenas com a **forma** de se comunicar e é aquele que todos observam em relação à evolução dos "sons" emitidos pelas crianças, à medida que avança sua idade. Essa análise não pode ser generalizada, pois os processos são individuais. Nas teorias de desenvolvimento humano, encontramos uma noção que fornece a ideia de um padrão de desempenho de habilidades para os sujeitos com desenvolvimento dito normal. No entanto, independentemente de uma limitação presente no desenvolvimento de uma criança, não se deve criar um padrão e esperar o mesmo desempenho, quando se trata de desenvolvimento linguístico. Isso porque o processo de construção da linguagem possui suas particularidades relacionadas a inúmeros fatores, dentre eles destacam-se: experiências sociais e de interação, ambientes de comunicação, interlocutores, dentre outros.

Educação especial

Para as crianças com alterações nesse processo, deverão ser introduzidas formas alternativas e/ou ampliadas nessa comunicação, desde os primeiros meses de vida, para que esse processo não sofra tantos prejuízos.

Nesses casos, não será possível analisar o processo de aquisição e construção da linguagem dessa criança por meio de emissões verbais, já que sua fala está prejudicada. Essa análise só será possível por meio das **funções** comunicativas. Essas funções são identificadas exatamente para traçar um perfil funcional da comunicação dessa criança, ou seja, pra saber de que modo (meios) e o que (funções e conteúdo) ela está comunicando.

Ao falar sobre comunicação funcional, estou me referindo às funções pragmáticas da linguagem, enfatizadas em abordagens funcionalistas de aquisição linguística. Mais informações sobre esse tema, veja as leituras sugeridas ao final deste capítulo. De maneira geral, temos duas filiações teóricas principais sobre essa temática. As chamadas estruturalistas, que consideram as competências linguísticas como produto de estruturas biológico-cognitivas e enfatizam a análise das propriedades estruturais da linguagem simbólica (gramaticais, sintáxicas, fonéticas, semióticas). E as filiações teóricas funcionalistas, que consideram e definem essas competências linguísticas como relações funcionais estabelecidas entre os sujeitos e o mundo e enfatizam a análise dos aspectos pragmáticos (funções comunicativas) da linguagem. É esta que deve ser utilizada para analisar condições de aquisição e/ou construção da linguagem de crianças que não utilizam a fala como meio principal de comunicação. E mesmo em situações nas quais a criança use a fala como meio principal de comunicação, é imprescindível que as funções também sejam sempre levadas em consideração durante um processo de avaliação de linguagem.

Esses aspectos ou as funções pragmáticas da linguagem também têm sido relacionados às habilidades de comunicação referencial, que são aquelas que envolvem a competência comunicativa para fornecer e compreender informações específicas durante uma interação social. Entre essas habilidades, as mais comuns são: fornecer e seguir instruções, perguntar e explicar. Observem que elas estão também relacionadas à participação da criança numa brincadeira, por exemplo.

78

Há relações muito importantes entre o uso dessas funções e o processo de construção da linguagem. Por exemplo: elas podem indicar uma intenção de se comunicar; podem se configurar como a maneira principal de participar de uma interação comunicativa; os gestos das crianças pequenas podem induzir a emissão da fala dos interlocutores numa tentativa de modelar e/ou ampliar essa interação, dentre outros aspectos.

Então, as preocupações centrais de qualquer profissional diante de uma criança que não fala deverão ser: qual é o perfil funcional da comunicação dessa criança? Como eu forneço apoio para o desenvolvimento desse perfil?

E, claro, no caso do professor, ele precisará ter apoio especializado para responder a essas perguntas, especialmente, advindo de profissionais das áreas de Fonoaudiologia e Terapia Ocupacional, as mais comuns no trabalho com os chamados recursos de comunicação alternativa. Destaco a Fonoaudiologia em razão de seu objeto central ser a linguagem.

E o **conteúdo** da comunicação? Em meio a essas compreensões sobre as funções e seus usos em distintos contextos de comunicação, será possível analisar se o conteúdo que está sendo emitido pela criança tem sentido naquela determinada situação ou contexto.

E por falar em contextos, sobre os meios comunicativos, é desejável que eles sejam os mesmos em diferentes contextos (casa, escola, supermercado, igreja etc.) de interação e com diferentes interlocutores (familiares, pares etc.) ou mediadores (professores, terapeutas, tutores etc.). Se isso não ocorrer, é necessário dar uma atenção especial a esse aspecto. Em relação às funções comunicativas, há algumas atividades que possuem uma previsibilidade mínima de funções relacionadas a elas. Se for proposta uma atividade que envolva descrição de figuras ou narrativas simples, é muito provável que as funções mais frequentes estejam relacionadas às centradas em objetos, eventos, pessoas/personagens e ações, e à organização da comunicação, narrativas, dentre outras. Esse mapeamento é possível por meio de instrumentos específicos, dentre os quais destaco a PAFCCD (Proposta de Análise de Funções Comunicativas em Crianças com Deficiência), de acesso livre. Esse instrumento consta do livro *Educação infantil, linguagem e inclusão escolar*, de minha autoria, que pode ser baixado gratuitamente na web.

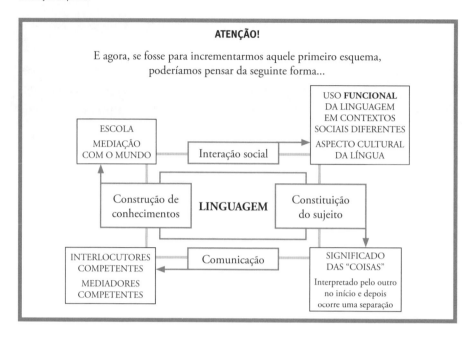

NECESSIDADES COMPLEXAS DE COMUNICAÇÃO

Além dos aspectos já citados, também considero que na Pedagogia devam ser fornecidas noções básicas sobre as crianças que possuem necessidades complexas de comunicação (NCC). Por isso, começarei esta seção definindo essa expressão. Normalmente, ela é utilizada para se remeter às situações nas quais os sujeitos precisam de suporte ou apoio específico para transmitir sua mensagem durante uma interação ou comunicação. E quem são esses sujeitos? Não há um grupo específico, pois nós podemos ter crianças com transtornos do espectro autista (TEA) que possuem essas necessidades, podemos ter crianças com quadros de síndromes raras que não conseguem desenvolver a fala como meio principal de comunicação. É comum também que uma porcentagem (em torno de 35%) de crianças com paralisia cerebral tenha dificuldade de desenvolver a fala. Enfim, trata-se de um grupo heterogêneo, mas que está vinculado, de alguma maneira, ao público-alvo da educação especial.

O que não podemos nos esquecer, jamais, é que o grupo que apresenta necessidades complexas de comunicação (NCC) também precisa compartilhar uma forma de comunicação para emitir seus desejos, suas necessidades, sentimentos, dentre outros aspectos. E, por causa dessa dificuldade específica de comunicação, normalmente, esses sujeitos ficam com interações muito limitadas, já que seus parceiros na interação também precisam dominar, minimamente, outras formas possíveis de comunicação acessíveis para esses sujeitos.

Aqui temos outro aspecto fundamental que podemos retomar na discussão: a impossibilidade de interagir devidamente com os sujeitos pode acarretar limitações importantes nos processos de desenvolvimento e aprendizagem. Além de interações limitadas, algumas dessas crianças ficam sem acesso ao currículo por falta de adaptação de materiais e por falta de interlocução com os professores e pares. Por isso, o professor tem papel fundamental ao longo desse processo, pois ele é um dos interlocutores mais importantes desses sujeitos nas fases iniciais de escolarização.

As dificuldades enfrentadas no percurso podem ter também implicações em relação à competência emocional. Com isso, os sujeitos com alterações sensoriais, motoras, cognitivas e comunicativas, características presentes nos sujeitos que possuem NCC, produzem quadros confusos que podem ser mal interpretados por aqueles que tentam interagir com eles. Por exemplo, em muitas situações, o professor pensa que esse sujeito não compreende o que as outras pessoas falam perto dele, quando na verdade a sua dificuldade está somente na forma como ele se expressa. Por isso, todo cuidado é pouco na interação com esses sujeitos, pois os perfis variam muito.

Essas outras formas possíveis de comunicação são chamadas de comunicação suplementar e/ou alternativa. Também é possível encontrar as

Educação especial

expressões: comunicação aumentativa e alternativa (CAA) e comunicação alternativa e ampliada (CAA). Essas diferentes formas de referência são possíveis por causa da tradução da palavra "*Augmentative*" na expressão "*augmentative and alternative communication*". E, como a própria expressão indica, pode-se usar esse suporte tanto como alternativa, por exemplo, para os casos nos quais não será possível o desenvolvimento da fala, quanto para suplementar ou ampliar a comunicação, nos casos em que essa comunicação ocorre com muita dificuldade.

Por isso, a comunicação suplementar e/ou alternativa (CSA), expressão que passarei a utilizar de agora em diante, inclui uma combinação de estratégias, dispositivos, técnicas e símbolos para representar e/ou aumentar a linguagem (oral e escrita). Servem ainda para promover um modo alternativo de comunicação, favorecendo atividades de comunicação e participação social dos sujeitos que possuem NCC. Essas formas de comunicação devem ser otimizadas a ponto de esses sujeitos conseguirem padrões de interação capazes de promover suas interações nos mais distintos ambientes, tais como: em casa, na escola, em ambientes de lazer, dentre outros. E, claro, não se trata de um processo natural, o que demanda, portanto, intervenções sistematizadas em todos esses ambientes, desde os primeiros anos de vida desse sujeito, ainda que os parceiros de comunicação, no começo, sejam restritos.

Tenham em mente que esse será o **meio** ou a **forma** dessas crianças se comunicarem. Ou seja: entregando ou apontando uma imagem ou símbolo. Esses símbolos fazem parte de sistemas padronizados, como o Picture Communication Symbols (PCS); Pictogram Ideogram Communication (PIC); a leitura e a escrita também podem ser consideradas um sistema de apoio; e, talvez, um dos mais conhecidos e mais utilizados com crianças que possuem transtorno do espectro autista (TEA): o Picture Exchange Communication System (PECS), ou simplesmente o Sistema de Comunicação por Troca de Figuras.

Todos esses citados foram descritos por autores específicos que podem ser consultados para uma leitura detalhada e são chamados de sistemas "com apoio". Além desses, existem também os chamados sistemas "sem apoio", que são: sinais manuais, gestos indicativos, gestos

82

representativos, expressões faciais e corporais, dentre outros. São chamados "sem apoio" por não seguirem um padrão único ou universal. Um exemplo bastante comum de gestos representativos são aqueles combinados entre mãe e filho para a comunicação no dia a dia, antes dessa criança ser assistida por profissionais que irão implementar um sistema de comunicação. Alguns desses gestos só são compreendidos por essa díade e mais ninguém.

Os sistemas mais comuns e que normalmente utilizamos em trabalhos de assessoria educacional são os do PCS. As salas de recursos multifuncionais receberam em seu kit, a partir do ano de 2011, um software chamado *BoardMaker*. Embora não tenha sido mais atualizado, ele pode ser utilizado para começar esse trabalho. Sugiro, também, o portal ARASAAC (Centro Aragonês de Comunicação Aumentativa e Alternativa). Esse centro tem um website que disponibiliza vários tipos de recursos e materiais com os quais é possível trabalhar, que abarcam desde as atividades iniciais necessárias no processo até aplicativos (celulares Android, tablets, computadores de mesa ou notebook), incluindo versões no português brasileiro. Todos esses materiais são gratuitos.

E como isso é feito desde o início, por exemplo, em creches e pré-escolas? Por onde começamos esse trabalho? Fundamentalmente, estabelecendo um planejamento de trabalho conjunto entre os profissionais da Educação e da Saúde, que com certeza assistem essa criança em razão de outras demandas, além das comunicativas.

Esse planejamento deve começar pela construção de um Planejamento Educacional Individualizado (PEI) ou Plano de Desenvolvimento Individual (PDI), que deve acompanhar a criança com deficiência desde o seu ingresso na instituição. Nesse plano devem estar todas as informações sobre seu desenvolvimento, suas necessidades específicas, recursos necessários, dentre outros aspectos. Caso ela esteja em processo de diagnóstico, é possível que neste documento fique faltando algumas informações até que elas sejam definidas por essa equipe. Em capítulos adiante, voltaremos a falar mais sobre esse documento.

Especificamente sobre o começo do trabalho escolar ou institucional (no caso de creches) com a comunicação dessa criança, é preciso

Educação especial

sistematizar objetivos em curto, médio e longo prazos, que tenham como foco etapas iniciais, intermediárias e de consolidação do uso desse sistema que será implementado por essa equipe de trabalho. Claro que aqui eu colocarei informações muito básicas e amplas, dada a especificidade do tema e a necessidade de detalhamento dele. Peço que considerem, também, as sugestões de leitura.

As etapas iniciais têm a ver com a escolha de materiais e de vocabulários a serem trabalhados e do próprio sistema em si. Essas escolhas deverão considerar o perfil comunicativo traçado e, principalmente, outras características da criança. Exemplo: se for uma criança que possui alteração ou limitações motoras, deverão ser pensados e construídos materiais de apoio que levem em consideração essas limitações. Exemplo: uso de pranchas com material metálico e com símbolos adaptados (como ímãs) para que deslizem nessa prancha com facilidade. Isso facilitará o manuseio desses símbolos pela criança. Exemplos como esse não podem ser considerados para qualquer sujeito, é apenas uma possibilidade a ser utilizada a depender desse perfil. Os símbolos compõem o sistema escolhido também para esse trabalho.

Reforço que esse sistema diz respeito ao conjunto ou grupo integrado de componentes que inclui: símbolos, técnicas, estratégias e ajudas, utilizados para ampliar ou modificar a comunicação dessa criança-alvo.

Os símbolos gráficos podem ser organizados a partir de recursos de baixa tecnologia, como uma simples folha de papel, até alta tecnologia, como computadores e tablets. À medida que essa criança vai se apropriando desse sistema, ele pode ser "transferido" para um recurso de alta tecnologia, com o uso de um aplicativo, por exemplo. Aqui faço uma importante observação: para nós, "falantes", pode parecer algo muito complexo, mas para essa criança não, pois esse será o meio dela se comunicar, e essa apropriação ocorre com naturalidade e facilidade, desde que as mediações ocorram de maneira adequada e as oportunidades de uso desse sistema sejam amplas.

Todas essas ações e estratégias tanto pedagógicas quanto clínicas (nos casos em que essa criança tem acompanhamento) possibilitam o acesso aos símbolos para que sejam transformados em comunicação. E esse processo vai avançando, pois essa comunicação deve ser ampliada. Exemplo: os vocabulários de atividades pedagógicas específicas vão mudar no dia a dia. Portanto, esse material deve ser customizado e modelado o tempo todo, com planejamento prévio. E, por isso, todas as atividades dessas etapas iniciais serão pensadas em conjunto, para que tanto os objetivos específicos de comunicação quanto aqueles com caráter pedagógico possam ser atingidos; por isso a importância do planejamento conjunto, incluindo objetivos comuns.

Nas etapas intermediárias, essas estratégias serão ampliadas, pois é possível utilizar diversos materiais nesse começo, a exemplo de fotos. Nessas etapas, deve-se pedir apoio aos familiares para que algumas atividades possam ser desenvolvidas em casa também. Escolher momentos da rotina familiar para esse uso é de extrema importância assim como ajudar na ampliação tanto desse vocabulário quanto do uso desse sistema. Não podemos nos esquecer, porém, de que os familiares não dominam esse conhecimento, então, eles devem ser preparados e "ensinados" a fazer esse uso, já que serão parceiros fundamentais de comunicação. Normalmente, é interessante escolher quem fica mais tempo com essa criança para que essa comunicação seja efetiva. No começo, todos precisam ajudar na construção desses materiais a serem utilizados em vários ambientes e apoiar cada oportunidade comunicativa possível, para fins de criar uma rotina.

Em etapas de consolidação de uso desse sistema, é possível, por exemplo, ver essa criança participando de uma atividade e estabelecendo comunicação com pares, ainda que seja de maneira simples. Por exemplo, utilizando símbolos para responder sim e não, apontando figuras numa atividade de identificação de objetos ou cores. A partir disso, suas funções comunicativas serão ampliadas, pois é possível planejar atividades que naturalmente exijam funções diferentes, além de perguntas e respostas, por exemplo. Em atividades com histórias infantis, estruturadas ou não, é possível trabalhar funções diferentes – e trata-se de uma atividade muito comum com crianças pequenas.

Educação especial

Considerações finais

Neste capítulo, abordei um dos elementos diretamente ligados à inclusão escolar e que deve permear a formação inicial em Pedagogia: a linguagem infantil em casos de sujeitos que possuem necessidades complexas de comunicação (NCC). Comentei sobre elementos básicos do processo de construção e apropriação da linguagem em crianças que fazem parte do chamado público-alvo da educação especial, com atenção para aquelas que não desenvolvem a oralidade ou que possuem limitações que agravam a expressão da linguagem por meio da fala. Apresentei os aspectos das NCC, abordando as possibilidades de trabalho, com destaque para a comunicação suplementar e/ou alternativa (CSA).

Os conhecimentos citados aqui são demasiadamente complexos, mas fazem parte da rotina de uma escola que pretende acolher a diversidade e as diferenças, independentemente de limitações que possam advir, por exemplo, de um sistema diferente de comunicação. Não se pode esquecer, jamais, que a linguagem e a comunicação são as bases da constituição dos sujeitos, e sem estabelecer interações sociais, por meio da comunicação, não será possível apoiar o processo de formação humana.

Compreendo que se trata de um conhecimento bastante específico e que exige, portanto, um investimento em trabalho colaborativo, além de um viés mais técnico na formação permanente do professor, seja este professor da sala comum ou responsável pelo atendimento educacional especializado (AEE). Mas reitero que não podemos esquecer que a existência de um sistema de apoio específico pode significar uma oportunidade para a implementação bem-sucedida de práticas com perspectiva inclusiva. Isso engloba, por exemplo, recursos tecnológicos para as escolas, apoio social, treinamento de professores e participação da comunidade, dentre outros aspectos.

E é por isso que também precisamos nos perguntar e revisitar o tempo todo os conceitos que permeiam as funções da escola e as concepções de currículo presentes nela. Por exemplo: como é construído e efetivado o currículo da escola? Quais valores são enfatizados nessa construção? É preciso reafirmar a importância da convivência com a diversidade humana na escola, pois esse é um dos pilares para que a formação dos sujeitos seja, verdadeiramente, humana. Esses são princípios que devem ser valorizados ao longo da formação de quaisquer licenciaturas e, especialmente, em relação à Pedagogia, por ser essa formação a responsável pelas etapas iniciais de escolarização de crianças.

Essa discussão acerca da formação para o trabalho docente que leve em consideração as crianças com deficiência e a diversidade presente na escola é imprescindível na Pedagogia. Aqui, o foco é a criança com deficiência, mas essa é apenas uma das diferenças que encontramos nas instituições escolares e que gera tanto debate.

Por fim, alerto para o fato de que todas as manifestações de aprendizagem das crianças devem ser cuidadosamente identificadas e respeitadas, pois cada uma delas revela aspectos importantes do processo de desenvolvimento e constituição desse sujeito. E a partir dessas manifestações é que devem ser construídas as intervenções educativas e mediações. Além disso, é importante assegurar que essas mediações ou intervenções tenham como base a comunicação e a interação. E, de maneira especial, na educação infantil essas interações e comunicações devem ser mediadas por brincadeiras que valorizem o processo de aquisição e construção da linguagem.

Sugestões de leitura

DELIBERATO, Débora. Comunicação alternativa na escola: possibilidades para o ensino do aluno com deficiência. In: ZABOROSKI, Ana Paula; OLIVEIRA, Jáima Pinheiro de (Orgs.). *Atuação da fonoaudiologia na escola: reflexões e práticas.* Rio de Janeiro: WAK, 2013, pp. 71-90.

LACERDA, Cristina Broglia Feitosa de. A inclusão escolar de alunos surdos: o que dizem alunos, professores e intérpretes sobre esta experiência. *Cadernos CEDES* [online], v. 26, n. 69, 2006, pp. 163-184, 2006.

QUADROS, Ronice; LEMOS, Aline Pizzio; REBELLO, Carina Cruz; NUNES, Aline de Sousa. Mosaico da linguagem das crianças bilíngues bimodais: estudos experimentais. *Revista Brasileira de Linguística Aplicada*, v. 16, n. 1, pp. 1-24, 2016.

TARDIF, Maurice. *Saberes docentes e formação profissional.* 17. ed. Petrópolis: Vozes, 2014.

VYGOTSKY, L. S. *A formação social da mente*: o desenvolvimento dos processos psicológicos superiores. Organizadores: Michael Cole... [et. al]; trad. José Cipolla Neto, Luís Silveira Menna Barreto, Solange Castro Afeche. 7. ed. São Paulo: Martins Fontes, 2007.

VYGOTSKY, L.S. *Pensamento e linguagem.* São Paulo: Martins Fontes, 1989.

O atendimento educacional especializado (AEE)

O atendimento educacional especializado (AEE) é o principal serviço de suporte para a escolarização do público-alvo da educação especial na escola regular, em sala comum. Neste capítulo, serão destacadas as características desse modelo de apoio e as principais consequências dele para a organização dos serviços atuais de educação especial das escolas regulares e, sobretudo, para a formação de professores.

Inicialmente farei alguns apontamentos sobre as diretrizes políticas desse serviço e, em seguida, comentarei sobre as possibilidades desse funcionamento, para além das recomendações presentes nessas diretrizes. Na segunda parte do texto será dado um destaque para o trabalho colaborativo e um dos instrumentos mais importantes que ajudam nesse trabalho, a saber: o Planejamento Educacional Individualizado (PEI) ou Plano de Desenvolvimento Individual (PDI), como também é abordado em muitos lugares. Ambos são sinônimos.

DESTAQUES DA REGULAMENTAÇÃO DO SERVIÇO

Aqui retomarei as questões expostas no capítulo "Dispositivos legais para organizar uma escola inclusiva", no qual o AEE foi destacado em razão da Resolução n. 4, de 2 de outubro de 2009. Trata-se de um documento de extrema importância junto ao Decreto n. 7.611, de 17 de novembro de 2011, que dispõe sobre a educação especial e o atendimento educacional especializado, que chamarei simplesmente de AEE daqui em diante.

Na descrição e definição desse serviço é recomendado que ele seja efetivado, prioritariamente, nas salas de recursos multifuncionais, acontecendo no contraturno (horário contrário ao da classe comum frequentada pelo estudante que precisa desse serviço), mas pode também ser realizado na forma de ensino itinerante, dentro dessa classe.

Além disso, prevê-se a possibilidade desse serviço ser conveniado com instituições de reabilitação, centros especializados ou ainda com escolas especiais. Essa é uma das prerrogativas que mais recebem críticas, já que os custos com esse convênio poderiam se transformar em investimentos nas escolas públicas, inclusive para o próprio AEE.

É fundamental reforçar que, embora haja uma tendência a indicar um modelo padronizado de serviço para funcionar na sala de recursos multifuncionais, trata-se de uma recomendação. Portanto, não se pode perder de vista que seu objetivo principal é o de apoiar a participação do estudante nas atividades da sala comum e é esse objetivo que flexibiliza esse funcionamento, pois isso vai depender da dinâmica de trabalho dos professores e da própria gestão escolar.

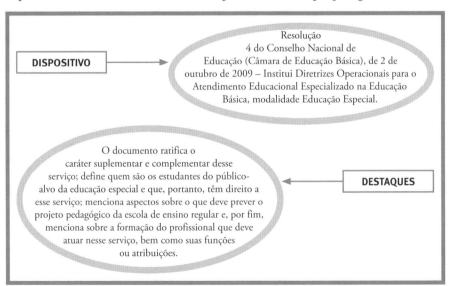

O atendimento educacional especializado (AEE)

Na Resolução n. 4, um conjunto de diretrizes técnicas sobre as funções do professor que realiza esse serviço passou indiretamente a orientar as formações desse profissional com um caráter tecnicista e muito especializado que não são coerentes com as concepções mais consensuais sobre a formação de professores, construídas por um campo acadêmico consolidado no nosso país. Por isso, a articulação entre esse serviço e a sala comum tem enfrentado entraves e é sempre colocada como algo muito difícil.

Sobre a formação do profissional ou do professor que pretende atuar no AEE, nessa Resolução menciona-se que ele deve ter formação inicial que o habilite para o exercício da docência e formação específica para a educação especial. Então, esse profissional pode ser licenciado em qualquer área, mas deve ter uma especialização na área de educação especial. É importante dizer que em alguns municípios isso pode mudar, principalmente, em razão da demanda e diante da ausência de profissionais especializados. Há lugares, também, nos quais a licenciatura em Educação Especial é suficiente para essa atuação, já que a matriz curricular desse curso já é específica.

A função primordial do AEE é a de complementar ou suplementar a formação dos estudantes, por meio da construção e disponibilização de serviços, recursos de acessibilidade e estratégias que eliminem as barreiras que, porventura, possam impedir sua participação nas atividades da sala comum. Essa construção de serviços e recursos também deve auxiliar no acesso ao currículo. Para exemplificar parte dessas funções, citarei algumas atribuições desse profissional, presentes no artigo 13º dessa Resolução.

Educação especial

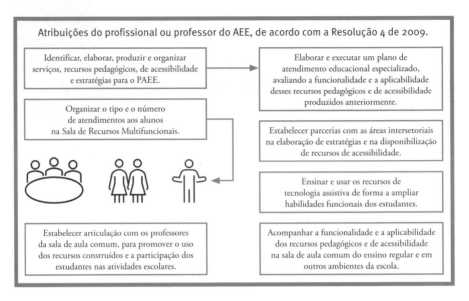

Observe que as descrições das funções desse professor ou profissional que atua no AEE são muito abrangentes e, ao mesmo tempo, carregadas de especificidades que levam em consideração as categorias de deficiência, conceito de que estamos tentando nos livrar há muito tempo. Isso foi bastante comentado no primeiro capítulo, sobre capacitismo, e também no capítulo "O público-alvo da educação especial". Isso não significa que o AEE não precisa considerar as especificidades de um estudante cego, por exemplo, mas o foco nunca deverá ser a deficiência, e sim o sujeito, pois essas especificidades dependem igualmente desse sujeito. Com isso, quero dizer que não são todos os sujeitos com deficiência visual que precisarão do mesmo tipo de recurso ou do mesmo tipo de estratégias facilitadoras.

Por essa razão, ainda que tenha sido um dos principais avanços em relação ao apoio dado ao processo de escolarização dos sujeitos do PAEE na escola regular, é necessário analisar, permanentemente, o modelo de funcionamento dessas ações e as suas consequências, o que envolve também aspectos inerentes à formação de professores. Sem dúvida, a prática tem indicado que uma das formas de trabalho que mais tem fornecido resultados positivos, em relação ao AEE e à participação efetiva dos estudantes do PAEE na sala comum, é o trabalho colaborativo entre os professores do AEE e da sala comum.

A FORMAÇÃO PERMANENTE COMO FOCO
DO TRABALHO COLABORATIVO ENTRE O AEE E A SALA COMUM

Quando verificamos com mais atenção o texto do Decreto n. 7.611, de 17 de novembro de 2011, que dispõe sobre a educação especial e o AEE, encontramos que na destinação de verbas para financiar a implementação desse serviço, uma das ações a serem consideradas é a formação continuada de professores e de todos os profissionais que atuam na escola na perspectiva da educação inclusiva. Essa ação é fundamental para que os estudantes do PAEE sejam acolhidos por toda a escola e possam, além de aprender, construir vínculos com todos que fazem parte dessa instituição.

Por isso, quando falamos do AEE, a formação continuada ou permanente, sem dúvida, é um dos pontos a que devemos dar muita atenção.

Todas as discussões em relação à formação permanente, demasiadamente complexas, fazem parte de um campo acadêmico construído há décadas, no qual há um consenso sobre a formação de professores, qual seja: o de que essa profissão jamais pode ser tratada como uma profissão tecnicista, pois envolve dimensões que exigem intencionalidade em todas as ações desenvolvidas dentro dos espaços de produção e transformação de conhecimento, a exemplo da escola e da universidade. E, portanto, também não pode ser neutra, pois esses espaços são instituições carregadas de cultura, com dimensões subjetivas que exigem dos professores reflexões sobre a sociedade para a qual esse conhecimento está sendo produzido ou construído.

Para exemplificar, podemos mencionar a Pedagogia, cujo foco é o processo de ensino e aprendizagem, com especial atenção para os processos de letramento e alfabetização. Mas não se trata de adquirir um conjunto de técnicas descoladas da realidade ou que não respeitem a diversidade humana presente na escola. No entanto, infelizmente, na área de educação especial, a maioria dessas discussões permanecem ainda com viés muito tecnicista e especializado, embora já tenhamos conseguido muitos avanços.

Por isso, reitera-se que a formação permanente tem a ver com a profissionalidade docente, que os especialistas definem como desenvolvimento profissional por meio de processos individuais e coletivos, que ocorrem dentro do ambiente de trabalho, em nosso caso, a escola. Esse

Educação especial

desenvolvimento profissional é que contribuirá para o desenvolvimento das competências profissionais.

A esse respeito recomendo a leitura de textos do pesquisador e teórico Maurice Tardif. Em sua obra *Saberes docentes e formação profissional*, ele trata de questões importantes para a atuação dos profissionais da educação, compreendendo o saber docente de um ponto de vista conjunto e coletivo. Ou seja, o saber docente sendo é, para Tardif, a junção de vários saberes, denominados da seguinte forma: saberes da formação profissional; saberes disciplinares; saberes curriculares e saberes da experiência. Toda a construção desses saberes deve envolver os mais diferentes atores e, por isso, é necessário também ter uma perspectiva colaborativa de trabalho.

Enfim, sobre a formação permanente, independentemente da etapa de escolarização em que esse professor atua, é necessário considerar, o tempo todo, que essa ação docente é construída a partir dos desafios cotidianos advindos das especificidades e da diversidade presentes na escola. A formação inicial (graduação) deve fornecer base e caminhos para essa atuação, mas ela jamais será capaz de antecipar conhecimentos que podem ser necessários no dia a dia desse futuro profissional, já que não é possível adivinhá-los. Por isso e para isso é que existe a formação permanente, pois ela poderá suprir necessidades formativas advindas do contexto imediato. E, em alguns casos, é de extrema necessidade que o professor responsável pela sala comum esteja disposto a construir um trabalho colaborativo com o professor ou o profissional responsável pelo atendimento educacional especializado (AEE). E a gestão da escola, além de participar, deve estar disposta a fornecer meios para que esse trabalho aconteça.

Considerando esse contexto e as possibilidades de formação permanente de professores que implicam diretamente uma colaboração, citarei algumas estratégias que podem contribuir muito para o processo de inclusão escolar e que podem ser consideradas também junto à organização do trabalho escolar, no próximo capítulo, que é específico sobre o trabalho colaborativo na escola. A seguir, apresentarei um dos principais instrumentos que possibilitam esse trabalho colaborativo, qual seja: o Planejamento Educacional Especializado (PEI) ou Plano de Desenvolvimento Individual (PDI).

O PLANEJAMENTO EDUCACIONAL ESPECIALIZADO (PEI) OU PLANO DE DESENVOLVIMENTO INDIVIDUAL (PDI)

Chegamos ao instrumento que considero imprescindível para o planejamento do trabalho colaborativo: o Planejamento Educacional Especializado (PEI) ou Plano de Desenvolvimento Individual (PDI). Trata-se de um dispositivo ou um instrumento pedagógico fundamental no processo de escolarização de estudantes do público-alvo da educação especial, capaz de ajudar no trabalho colaborativo entre professores e outros profissionais que, porventura, assistem esse estudante.

É um documento de uso obrigatório que deve registrar todo o acompanhamento desse estudante em relação às suas demandas individuais, articuladas à proposta coletiva da escola, ou seja, ao currículo escolar. Exemplo: a necessidade de recursos adaptados para ter acesso ao currículo. Embora não exista um documento oficial, na política educacional nacional, destinado exclusivamente a esse instrumento, ele está amparado na Lei de Diretrizes e Bases da Educação Nacional e, mais recentemente, na Lei Brasileira de Inclusão. Em alguns estados, ele já é contemplado em documentos oficiais, inclusive com um modelo padronizado a ser utilizado. É o caso da Resolução n. 4.256, de 2020, da Secretaria Estadual de Educação de Minas Gerais.

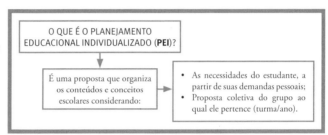

Quais são os princípios do PEI? Podemos dizer que um de seus princípios fundamentais é o diálogo com o currículo da escola. Um segundo, é a garantia de acessibilidade ao estudante, considerando as suas demandas individuais e os tipos de acessibilidade, sendo a principal delas a atitudinal. Ou seja: como esse aluno é acolhido dentro dessa escola? Um terceiro princípio fundamental em relação ao PEI é a necessidade de haver um responsável pela sua construção e condução, muito embora essa construção ocorra de maneira colaborativa.

Parece repetitivo, mas é imprescindível que o PEI seja construído de modo colaborativo, principalmente entre professores do AEE e da sala comum, para que as questões curriculares sejam centrais. Quando voltamos nas definições do AEE, isso fica mais claro, já que o AEE se constitui de estratégias e recursos (acessíveis) organizados institucionalmente, para dar o máximo de autonomia possível ao processo de formação dos estudantes na sala comum.

Disso, podemos deduzir a abrangência e importância que o PEI assume dentro da escola, pois essa organização deve ficar clara para todos que participam do processo, e, portanto, esse documento não deve estar ligado apenas ao AEE.

Outro ponto importante em relação a esse documento é que existem diretrizes ou recomendações para implementá-lo. Quais são essas recomendações? A primeira e mais importante é a de que o planejamento só pode ser construído a partir de uma avaliação pedagógica. É ela que vai indicar todas as necessidades e prioridades desse estudante em relação ao contexto escolar e, claro, ao currículo escolar. A partir dessa avaliação, será possível estabelecer metas, em curto, médio e longo prazos. Em seguida, serão traçadas as estratégias mínimas necessárias e os recursos para alcançar as metas estabelecidas, indicando também cada responsável por elas. Exemplo: se é necessário providenciar uma rampa para acessibilidade física na escola, isso vai depender da gestão escolar. Portanto, o responsável por essa meta seria o gestor. E, por fim, é necessário estabelecer as funções de todo esse planejamento e como será o acompanhamento delas. Por que foram estabelecidas cada uma dessas metas? Qual a finalidade de alcançá-las e como será verificado se elas foram alcançadas? Veja uma sistematização dessas diretrizes a seguir.

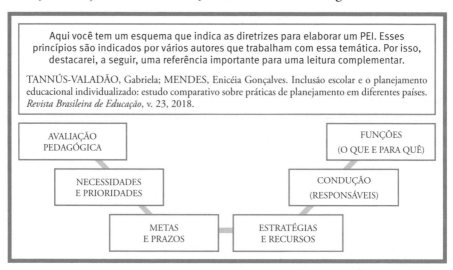

Aqui você tem um esquema que indica as diretrizes para elaborar um PEI. Esses princípios são indicados por vários autores que trabalham com essa temática. Por isso, destacarei, a seguir, uma referência importante para uma leitura complementar.

TANNÚS-VALADÃO, Gabriela; MENDES, Enicéia Gonçalves. Inclusão escolar e o planejamento educacional individualizado: estudo comparativo sobre práticas de planejamento em diferentes países. *Revista Brasileira de Educação*, v. 23, 2018.

O atendimento educacional especializado (AEE)

A partir dessas diretrizes, vários são os modelos de PEI que encontramos na literatura. A seguir, são elencados os principais tópicos que esses modelos sugerem que sejam contemplados na construção desse documento.

1 – INFORMAÇÕES DE IDENTIFICAÇÃO GERAL DO ESTUDANTE E DA FAMÍLIA:

NOME COMPLETO:
FAIXA ETÁRIA: PERÍODO:
DATA DE NASCIMENTO: IDADE ATUAL:
NOME DO PAI:
ANOS DE ESCOLARIDADE:
PROFISSÃO:
NOME DA MÃE:
ANOS DE ESCOLARIDADE:
PROFISSÃO:
RENDA FAMILIAR MENSAL:
SUBSÍDIOS:
NÚMERO DE IRMÃOS:
QUANTOS ESTUDAM?
ANOS DE ESCOLARIDADE DE CADA UM:

2 – INFORMAÇÕES ESCOLARES:

NOME DA ESCOLA:
ENDEREÇO E TELEFONE DA ESCOLA:
PROFESSOR DA SALA REGULAR:
PROFESSORES ESPECIALISTAS:
AGENTE EDUCACIONAL OU ATENDENTE EDUCACIONAL:

3 – INFORMAÇÕES SOBRE O ENCAMINHAMENTO PARA O AEE:

Motivo dos encaminhamentos para o atendimento educacional especializado:
Dados gerais sobre a avaliação pedagógica que forneceu subsídio para esse encaminhamento:
Instituições de referência para atendimentos clínicos ou de saúde geral:

( ) Centro de Reabilitação ( ) Estimulação Precoce ( ) Outros Serviços de Saúde
( ) Ambulatórios ( ) Hospital Materno-infantil ( ) Outro Hospital de Referência

Especialistas:

( ) Medicina ( ) sim ( ) não   Se sim, quais especialidades:
( ) Fisioterapia
( ) Fonoaudiologia
( ) Terapeuta ocupacional
( ) Psicologia
( ) Outros Especificar:

Educação especial

4 – INFORMAÇÕES SOBRE O DESENVOLVIMENTO INDIVIDUAL E EM CONTEXTOS:

AVALIAÇÃO E ACOMPANHAMENTO
Linguagem e Comunicação
Funções Neuropsicomotoras
Funções Neurocognitivas
Funções Sociocognitivas
Como foram efetuadas essas avaliações? Em equipe? Quem participa dessa equipe?
Quais instrumentos foram utilizados nessas avaliações?
Onde (em quais contextos) foram realizadas essas avaliações? Foram considerados pelo menos os três principais: escola, ambiente domiciliar e outro ambiente social?
Há algum instrumento que pode ser utilizado para acompanhamento?
Quais foram as orientações para cada um destes aspectos nos contextos principais (escola, ambiente domiciliar, outros ambientes sociais)?

5 – INFORMAÇÕES SOBRE O CURRÍCULO:

ÁREAS E/OU DISCIPLINAS A SEREM TRABALHADAS
(Base Nacional Comum Curricular):
OBJETIVOS:
(em curto, médio e longo prazos)
AVALIAÇÃO:
(Frequência e instrumentos utilizados)
QUAIS SÃO AS NECESSIDADES PRINCIPAIS PARA APOIAR A PARTICIPAÇÃO DO ESTUDANTE?
Em sala de aula:
Em outros ambientes da escola:
Fora da escola:

Por fim, é necessário registrar também dados sobre a organização do AEE, desde os tipos de atendimentos realizados (em sala de recursos, em sala comum, itinerante), até as atividades principais desenvolvidas com os estudantes. A seguir, o Quadro 4 traz um modelo de organização com alguns desses dados.

O atendimento educacional especializado (AEE)

Quadro 4 – Modelo com itens mínimos a serem contemplados na organização do AEE

Tipos de AEE desenvolvidos	( ) Atendimento em sala de recursos multifuncionais ( ) Ensino individual ( ) Em grupo ( ) Em dupla ou trio ( ) Com a turma ( ) Atendimento em outros ambientes da escola (especificar) ( ) Ensino colaborativo, coensino ou bidocência ( ) Atendimento domiciliar ( ) Atendimento em classe hospitalar				
Dias e horários de atendimento	Segunda Horário:	Terça Horário:	Quarta Horário:	Quinta Horário:	Sexta Horário:
Atividades a serem desenvolvidas (descrever)	Tipos			Suportes materiais e de recursos humanos (assessoria de outras áreas)	
	Comunicação suplementar e/ou alternativa (CSA)				
	Estratégias para mobilidade, independência e autonomia				
	Informática acessível com treino de recursos específicos				
	Construção de recursos para uso na sala comum				
	Ensino do sistema braile				
	Ensino da Libras				
	Ensino do português como L2				
	Ensino do sorobá				
	Utilização de recursos ópticos e não ópticos				
	Atividades específicas para o apoio ao desenvolvimento de funções psicológicas superiores (linguagem, atenção, memória, sensação, percepção, emoção e pensamento)				
	Enriquecimento curricular (para estudantes com altas habilidades/superdotação)				

Observe que aqui constam apenas dados principais, como uma ideia para iniciar a construção de um instrumento para essa organização. E não se pode esquecer das avaliações: tanto a inicial, que dará base para todo esse planejamento, quanto as avaliações de acompanhamento, para registrar avanços e mudanças em relação às metas atingidas.

Educação especial

Considerações finais

O objetivo deste capítulo foi o de indicar os principais elementos sobre o funcionamento do serviço de apoio especializado principal com que a escola regular conta em relação aos estudantes do PAEE.

Foram destacadas algumas características desse serviço de apoio e as principais consequências dele para a organização dos serviços atuais de educação especial das escolas regulares, principalmente, para a formação de professores.

Reitero que os conteúdos dos dispositivos constantes das políticas públicas funcionam como recomendações e, portanto, a escola tem autonomia para organizar esse serviço da melhor forma que atenda às suas demandas. Isso deve ser discutido junto à gestão geral (do município) e específica (da escola), pois não adianta ter um serviço que não forneça o suporte necessário para que os estudantes participem das atividades na sala comum. Temos que ter em mente também que são esses modelos que melhor funcionam é que devem servir de base para propor formações, especialmente as permanentes ou continuadas.

Desenho universal para a aprendizagem, acessibilidade e tecnologia assistiva

Os princípios que permeiam o conceito de desenho universal para a aprendizagem (DUA) estão diretamente ligados à perspectiva de educação inclusiva. Isso significa que pensar num processo de aprendizagem escolar que leve em consideração a perspectiva do DUA significa considerar a diferença uma característica que constitui o ser humano. Esse é o pensamento que deve nos guiar o tempo todo.

Se estamos considerando a diferença dessa forma, é necessário olhar para os sujeitos e para as suas singularidades ao pensar e propor um currículo escolar. E aqui faço uma importante nota: o currículo deve ser o foco central do DUA. E mesmo que tenhamos as mais distintas possibilidades de analisá-lo ou construí-lo, devemos ter em mente que a acessibilidade curricular não é somente dar condições para que os sujeitos tenham acesso ao conteúdo proposto, mas sim participar dele, incluindo sua construção. Essa pode ser uma das garantias de que a escola está, realmente, considerando as diferenças e singularidades de todos os seus atores e, portanto, primando por uma perspectiva inclusiva.

Educação especial

Então, ao adotar os princípios do DUA, é necessário pensar em aspectos de acessibilidade curricular e, principalmente, em aspectos que possibilitem essa acessibilidade, nas suas mais distintas dimensões, eliminando possíveis barreiras que impeçam esses sujeitos de participar do processo de aprendizagem e de formação humana. Proporcionar acessibilidade, seja ela arquitetônica ou curricular, significa se preocupar com todas as pessoas e suas demandas. E para isso será necessário lançar mão da diferenciação curricular também. Consequentemente, lançar mão de recursos de tecnologia assistiva – área de caráter interdisciplinar que engloba estratégias, serviços, produtos, dentre outros, com a finalidade de promover a funcionalidade e a participação de pessoas com deficiência, incapacidades ou mobilidade reduzida – e, enfim, de tudo que possibilite respeitar as diferenças presentes na escola.

Por isso, este capítulo será dedicado a esses conceitos, tendo como principal objetivo mostrar como estes três elementos (DUA, acessibilidade e recursos de tecnologia assistiva) se articulam e como esses conceitos são imprescindíveis para que uma perspectiva inclusiva de escola seja efetivada. Não custa dizer que esses conceitos fazem parte de campos teóricos muito complexos e, portanto, a abordagem proposta aqui é superficial, porém necessária, tendo em vista o quanto eles são importantes na prática do nosso dia a dia.

A PERSPECTIVA DE DESENHO UNIVERSAL PARA A APRENDIZAGEM

A ideia de desenho universal para a aprendizagem (DUA) derivou-se do próprio conceito de *design universal*, da área de Arquitetura, ou desenvolvimento arquitetônico e produtos que tenham como meta pensar e construir, por exemplo, espaços, ambientes e objetos que possam ser utilizados pelo maior número possível de pessoas. Na Arquitetura, isso significa que, ao adentrar um determinando local, uma escola, por exemplo, essa instituição deveria ser capaz de atender à maioria das demandas físicas, desde a calçada que dá acesso ao portão de entrada dessa escola até o banheiro, pensando não só na entrada do banheiro, mas, fundamentalmente, em suas peças (altura, tamanho de vasos e pias, por exemplo) e no uso que se faz delas.

Foi a partir dessa ideia que surgiram as primeiras pesquisas e investigações sobre o DUA. Há uma referência mundial sobre as diretrizes do DUA, propostas por uma instituição chamada de Centro de Tecnologia Especial Aplicada (CAST). Desde a década de 1990, as investigações desse Centro têm conseguido reconhecimento internacional, em razão da ampliação de oportunidades educativas voltadas para todos os sujeitos. Essas oportunidades ampliadas são desenvolvidas com base nos princípios do DUA.

Nessas propostas, define-se o DUA como um conjunto de princípios e estratégias para proporcionar flexibilidade nos três aspectos fundamentais do processo de ensino e aprendizagem, a saber: a) nas formas que a escola ou o professor utilizam para apresentar as informações para esses estudantes; b) nas formas que os estudantes expressam suas habilidades e conhecimentos adquiridos e; c) nas formas que a escola e os professores utilizam para motivar os estudantes e mantê-los comprometidos ou engajados com o seu processo de aprendizagem.

Se esses três aspectos forem levados em consideração, com certeza, haverá redução de barreiras no processo de ensino, pois serão feitas adaptações necessárias para todos os estudantes, incluindo o público-alvo da educação especial, por exemplo.

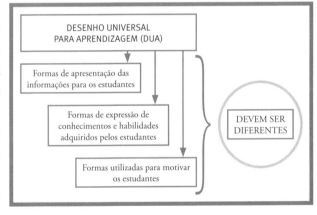

Observem que nessa ideia há três aspectos que se articulam o tempo todo: acessibilidade, currículo e diferenças. É importante chamar a atenção para esse fato sempre que falarmos de DUA. Todos os autores e pesquisadores dessa temática pedem isso. A acessibilidade pode ser necessária tanto em dimensões de comunicação quanto de procedimentos metodológicos, dentre outras. É necessário garantir a acessibilidade curricular, além de todas as outras. Adiante, me deterei mais sobre os principais tipos ou

103

dimensões da acessibilidade. E é essa própria acessibilidade que respeitará as diferenças dos sujeitos, inclusive construindo um currículo flexível.

Quando há a referência a um currículo flexível, quer dizer, por exemplo, que é necessário abrir mão da exigência de uma atividade com escrita manual para um estudante que não tem como fazê-la em razão de uma condição neuromotora diferente. Para esse estudante, seria possível tanto apresentar as informações de forma diferente quanto solicitar também um outro tipo de avaliação, e dessa forma as barreiras seriam eliminadas. A partir daí é que o DUA apresentaria seus três objetivos fundamentais, destacados na figura a seguir.

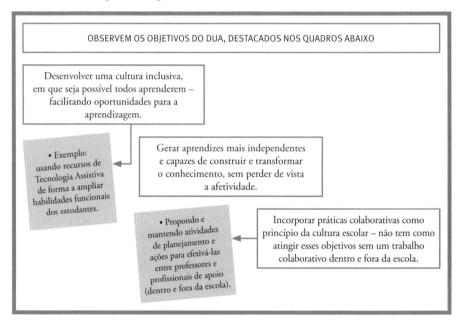

Enfim, podemos dizer que quando tentamos contemplar os princípios do DUA estamos valorizando perfis diferentes de estudantes, pois há diferentes formas de aprender e diferentes formas de entrada e processamento cognitivo de uma informação. Isso tem a ver com experiências de vida distintas, desde o nascimento. Estamos, também, valorizando as habilidades dos estudantes, quando permitimos que eles expliquem ou apresentem o que aprenderam de maneiras distintas. Alguns têm mais habilidade com a escrita, outros com a fala e outros com linguagens distintas, tais como as artísticas. E, com isso, também estamos trabalhando com a motivação deles, já que permitimos múltiplas formas de engajamento nesse processo de aprender.

ACESSIBILIDADE

E, afinal de contas, o que é acessibilidade? Até agora, vimos um pouco sobre a relação desse conceito com o DUA, mas agora passarei a conceituar e exemplificar cada uma de suas dimensões.

Esse conceito vem sendo cada vez mais ampliado pela literatura especializada, associando-se ao compromisso de melhorar a qualidade de vida de todas as pessoas. Por isso, acessibilidade é uma condição que possibilita a transposição das mais diferentes barreiras ou entraves para uma efetiva participação das pessoas nos diversos âmbitos da vida social. A acessibilidade tem, portanto, ligação direta com os processos mais fundamentais de inclusão (social e escolar). Veja que aqui me refiro somente à escola, mas é importante pensar na participação do sujeito na sociedade da qual ele faz parte de um modo amplo.

Por isso, também é preciso atentar para o fato de que o conceito de acessibilidade deve ser sempre considerado de maneira ampla, e não apenas relacionado a questões físicas e arquitetônicas, como comumente as pessoas pensam. Na verdade, existem diversas dimensões que podem ser indispensáveis para que sejam promovidas ações de inclusão, tanto social quanto escolar.

Outro aspecto importante é que ao longo deste livro estou falando sobre o público-alvo da educação especial, mas a acessibilidade não é destinada ou necessária somente para essas pessoas, ela se aplica a pessoas idosas, pessoas com dificuldade temporária de mobilidade (grávidas, pessoas com impedimentos físicos temporários, por exemplo).

Um autor que sempre nos ajudou a compreender os tipos principais de acessibilidade, de uma maneira simples, é Romeu Sassaki, consultor na área de inclusão e um dos nomes importantes na trajetória de luta pela inclusão social de pessoas com deficiência no nosso país. Ele indica alguns tipos principais de acessibilidade: acessibilidade atitudinal; acessibilidade

Educação especial

arquitetônica ou física; acessibilidade metodológica ou pedagógica; acessibilidade programática; acessibilidade instrumental; acessibilidade nos transportes; acessibilidade nas comunicações; e acessibilidade digital.

Esses tipos de acessibilidade têm a ver com o fornecimento máximo de condições capazes de dar autonomia para os sujeitos realizarem suas atividades.

Detalhando um pouco mais cada um desses tipos de acessibilidade, a primeira que deve ser enfatizada na escola e em qualquer ambiente é a atitudinal. Ao adotar uma perspectiva inclusiva, a escola ou qualquer outra instituição deve construir vínculos que levem todos os seus atores a um clima acolhedor, para que ela seja aberta a todos. Para que isso ocorra é fundamental que o gestor e a equipe pedagógica, no caso de uma instituição escolar, assumam essa perspectiva.

Pensando nas várias instituições da sociedade, de um modo geral, quando falamos desse acolhimento, devemos ter em mente que essa acessibilidade atitudinal não significa apenas e tão somente receber esses sujeitos com deficiência e adequar espaços ou recursos para a sua participação. As atitudes devem ir muito além disso. Por exemplo, lutar para que essas pessoas assumam lugares ou posições importantes na sociedade e nas instituições presentes nela. É importante que todos vejam essas pessoas em diferentes cargos de uma empresa, por exemplo. É importante que todos vejam professores e professoras com deficiência nas escolas, atores e atrizes com deficiência em grandes produções cinematográficas e produções menores do dia a dia. Quando isso acontece e as pessoas sem deficiência não julgam essa presença, mas do ponto de vista da competência, estamos diante de uma situação ideal de acessibilidade atitudinal. Situação, porém, ainda muito distante da nossa realidade, infelizmente.

A seguir, o Quadro 5 apresenta os principais aspectos relacionados aos tipos de acessibilidade e alguns exemplos de ações em cada um deles. Esse quadro foi elaborado com base nos tipos de acessibilidade indicados por Romeu Sassaki.

Desenho universal para a aprendizagem, acessibilidade e tecnologia assistiva

Quadro 5 – Tipos de acessibilidade e algumas ações que os exemplificam

Tipos de acessibilidade	Aspectos conceituais	Ações que exemplificam
Acessibilidade atitudinal	Ajuda a extinguir todos os tipos de atitudes preconceituosas ou discriminatórias que, porventura, possam impedir o desenvolvimento das potencialidades da pessoa com deficiência.	Interesse de gestores na implementação de ações e projetos relacionados à acessibilidade em toda a sua amplitude, incluindo a participação de pessoas com deficiência nessa gestão. A priorização de ações como essas também é um forte indicador da existência de acessibilidade atitudinal em quaisquer instituições.
Acessibilidade metodológica ou pedagógica	Facilita o acesso ao conteúdo programático oferecido pelas instituições de ensino, ampliando estratégias de ensino e aprendizagem.	Adoção de perspectivas do desenho universal para a aprendizagem por parte dos professores. Adequação, adaptação, diversificação e flexibilização curriculares, incluindo aspectos sobre tempo e o uso de recursos para viabilizar a participação de estudantes com deficiência. Lembrando que alguns recursos demandam a participação da gestão institucional.
Acessibilidade programática	Contribui para iniciativas de formação profissional e social no combate ao preconceito, formas de discriminação e demais atitudes que impeçam ou dificultem o acesso aos recursos e serviços oferecidos pela sociedade, promovendo a inclusão e a equiparação de oportunidades.	Ocorre quando as instituições presentes na sociedade promovem processos de sensibilização que envolvem conhecimentos e a aplicação de dispositivos legais e políticas relacionadas à inclusão e à acessibilidade de pessoas com deficiência. Isso tem a ver com acessibilidade atitudinal também. A acessibilidade programática também pode ser visualizada e vislumbrada em legislações.
Acessibilidade arquitetônica ou física	Considera a eliminação de barreiras em todos os ambientes físicos, internos e externos.	Presença de rampas, banheiros adaptados, elevadores adaptados, piso com indicadores táteis, dentre outros exemplos.

107

Educação especial

Acessibilidade instrumental	Possibilita a acessibilidade em todos os instrumentos, utensílios, recursos e equipamentos, utilizados na instituição de ensino e na vida diária do estudante, empregando-se conhecimentos da área de tecnologia assistiva.	Esse tipo de acessibilidade está relacionado com todas as outras e é possível visualizá-la na qualidade dos processos de inclusão (social, escolar, por exemplo). Quanto mais ações de inclusão são vistas, mais efetivo é esse tipo de acessibilidade.
Acessibilidade nos transportes	Tipo de acessibilidade que elimina barreiras em veículos, em pontos de ônibus, calçadas, terminais, estações e outros dispositivos que fazem parte do transporte (individual e coletivo).	É possível visualizá-la quando há pessoas com deficiência utilizando esses dispositivos e transportes, sem dificuldades, com segurança e autonomia.
Acessibilidade nas comunicações	Visa transpor obstáculos em todos os âmbitos da comunicação, considerada nas suas diferentes formas: falada, escrita, gestual, língua de sinais, digital, entre outras.	Um dos exemplos de acessibilidade nas comunicações é a presença de intérpretes de Libras, guias-intérpretes e materiais e/ou dispositivos de comunicação alternativa nas mais distintas instituições e espaços públicos.
Acessibilidade digital	Significa promover medidas para que todas as pessoas possam acessar e utilizar os ambientes web e digitais com autonomia e possam perceber, entender, navegar, interagir e contribuir nesses espaços.	Um exemplo clássico desse tipo de acessibilidade é a presença de acervos bibliográficos em instituições de ensino superior em formatos acessíveis para os estudantes com deficiência (livros impressos em braile, por exemplo).

Esses são os principais tipos de acessibilidade ou suas dimensões principais. Observamos nos conceitos que elas se articulam o tempo todo e, novamente, reforçamos que a acessibilidade atitudinal é a que impulsiona todas as demais dimensões. Sem a acessibilidade atitudinal, mesmo que sejam garantidos os direitos das pessoas com deficiência em legislações específicas, a efetivação deles ainda permanecerá como desafio nas mais distintas áreas, com destaque para a educação. Não podemos esquecer que é o respeito e a garantia do direito à educação que abrirá portas para a participação social. Devemos insistir que essa acessibilidade atitudinal significa respeitar a diferença, compreendendo que a diferença é o que constitui o ser humano. Nesse sentido, os aspectos legais podem ajudar a avançar, quando proporcionam a convivência com as diferenças nos mais distintos ambientes da sociedade.

Por exemplo, a acessibilidade para pessoas com deficiência física ou mobilidade reduzida nos transportes públicos que está garantida em normas legais desde as Leis n. 10.048 e n. 10.098, de 2000, e no Decreto/ Lei n. 5296, de 2004. E isso está também reforçado na Lei Brasileira de Inclusão, publicada em 2015.

OS RECURSOS DE TECNOLOGIA ASSISTIVA

A área de tecnologia assistiva, sem dúvida, é uma das maiores aliadas da acessibilidade e da perspectiva inclusiva quando se fala sobre o processo de inclusão escolar. Sim, a tecnologia assistiva é uma área de conhecimento que não está ligada somente à educação ou às pessoas com deficiência. Mas pela sua dimensão, a educação é uma das que mais se beneficia dela, pois seu conceito engloba ações, estratégias, serviços, produtos, recursos, dentre outros, que visam, fundamentalmente, promover a funcionalidade e a participação de pessoas com deficiência, incapacidades ou mobilidade reduzida, como dito anteriormente.

Observem que esse conceito não está ligado somente às pessoas com deficiência. E essa participação e funcionalidade trazidas nesse conceito estão relacionadas à independência, autonomia e qualidade de vida. Autonomia, por exemplo, para executar uma determinada tarefa ou para se comunicar com outra pessoa.

Alguns pesquisadores, a exemplo de Teófilo Galvão-Filho, chamam a atenção para algumas características importantes dessa área de conhecimento, quais sejam: ela é multidisciplinar; deve proporcionar a funcionalidade do sujeito, ampliando, portanto, sua autonomia e independência; ela é composta de produtos, serviços, estratégias, metodologias, processos, dentre outros; e atende aos princípios do desenho universal, inclusive do desenho universal para a aprendizagem, conceito mais recente, como acabamos de ver.

A partir desses conceitos, podemos ver o quanto são diversos os recursos de tecnologia assistiva e o quanto eles estão presentes em nosso dia a

Educação especial

dia. O pesquisador Eduardo José Manzini chama a atenção para exemplos simples, tais como: uma bengala utilizada pelos nossos avós e avôs, um carro adaptado para pessoas com deficiência física, o cão-guia que acompanha pessoas cegas, um aparelho de amplificação sonora utilizado por pessoas com deficiência auditiva, dentre outros. Além de comuns esses recursos fornecem autonomia e funcionalidade para seus usuários. Essa é a principal razão para serem chamados de recursos de tecnologia assistiva. Manzini chama a atenção para o fato de alguns conceitos ainda não estarem completamente claros em relação a essa área. Exemplo: o que seriam estratégias ou metodologias de tecnologia assistiva? Infelizmente, isso ainda não está claro e nem resolvido.

Esses conceitos também nos remetem a dois aspectos muito importantes: o processo de reabilitação e a intersetorialidade. O processo de reabilitação é fundamental para o desenvolvimento de habilidades e aptidões físicas, cognitivas, sensoriais, atitudinais, profissionais, dentre outras, para que o sujeito conquiste sua autonomia e, consequentemente, possa ter participação social. Esse processo, assim como o de habilitação, está garantido na Lei Brasileira de Inclusão. Por isso, nesta seção darei ênfase maior às pessoas com deficiência.

Nesse sentido, voltando o olhar para as questões do trabalho, na LBI é citada, de maneira específica (artigo 37º), a necessidade de provisão de suportes individualizados para atender às necessidades das pessoas com deficiência, inclusive disponibilizando recursos de tecnologia assistiva no ambiente de trabalho. E essa provisão se estende também para outras situações. Quando uma pessoa com deficiência vai prestar um concurso público, por exemplo, ela deve ter garantidos os recursos que a possibilitem fazer a prova, em igual oportunidade com as pessoas sem deficiência. Isso inclui, por exemplo, ter acessibilidade comunicacional nesse concurso.

Sempre que estamos falando de áreas ou de serviços que nos remetem à ideia de interdisciplinaridade ou multidisciplinaridade, é importante também mencionar a intersetorialidade, pois ela é extremamente importante para que os direitos, especialmente das pessoas com deficiência, sejam efetivados, já que ela aparece ou se materializa nas ações articuladas entre os principais setores (saúde, educação e assistência social).

Quando consideramos as ações intersetoriais voltadas para as pessoas com deficiência, especialmente para as crianças com deficiência, notamos que, embora estejam garantidos no plano legal, existem ainda inúmeros desafios para sua implementação.

Nesse contexto, precisamos destacar ainda a Portaria de consolidação das normas de instituição da Rede de Cuidados à Pessoa com Deficiência, publicada em 2017, visando a ampliação do acesso e a qualificação do atendimento às pessoas com deficiência no Sistema Único de Saúde (SUS). Nessa Portaria, é mencionada também a ampliação do acesso a alguns tipos de recursos de tecnologia assistiva, tais como órteses, próteses e meios auxiliares de locomoção.

QUESTÕES ATUAIS SOBRE A TECNOLOGIA ASSISTIVA NO PAÍS

Por fim, farei uma breve atualização em relação à atenção dada à tecnologia assistiva. Um dos primeiros pontos é o fato de terem sido retomados trabalhos dessa área, incluindo a reativação do Comitê de Ajudas Técnicas, agora chamado de Comitê Interministerial de Tecnologia Assistiva (Cita). Ele foi retomado em 2019, por meio da publicação do Decreto n. 10.094. Nesse documento, o Cita aparece como "órgão destinado a assessorar na estruturação, na formulação, na articulação, na implementação e no acompanhamento de plano de tecnologia assistiva, com vistas a garantir à pessoa com deficiência acesso a produtos, recursos, estratégias, práticas, processos e serviços que maximizem sua autonomia, sua mobilidade pessoal e sua qualidade de vida".

A última ação sobre a temática da tecnologia assistiva era a Portaria Interministerial n. 362 (Ministérios da Fazenda, da Ciência, Tecnologia e Inovação e a Secretaria de Direitos Humanos) de 2012, que versava sobre o limite de renda mensal dos tomadores de recursos para aquisição de bens e serviços de tecnologia assistiva destinados às pessoas com deficiência. Nela também havia um rol de bens e serviços.

Outro aspecto importante que merece atenção é a publicação da Resolução n. 205, de 2021, que aprovou o regimento interno do Comitê Interministerial de Tecnologia Assistiva, instituído por meio do Decreto

Educação especial

mencionado anteriormente. Nesse regimento, uma das principais funções do Cita era a construção de um plano específico de tecnologia assistiva, considerando a LBI ou Estatuto da Pessoa com Deficiência.

Esse plano foi publicado também por meio do Decreto n. 10.645, de 11 de março de 2021, que regulamentou o Plano Nacional de Tecnologia Assistiva, cumprindo o que estabelece o artigo 75º da LBI. Esse plano possui diretrizes, objetivos, metas, indicadores e formas de acompanhamento.

Muito embora bastante desarticulada das políticas nacionais anteriores e vigentes no país, essas ações, sem dúvida, são de extrema necessidade para garantir esses direitos das pessoas com deficiência, principalmente quanto às ações, aos recursos, às estratégias e aos serviços voltados à tecnologia assistiva, que ainda está restrita a poucas pessoas, pois, por vezes, seus custos são altos e os recursos, limitados. Importa dizer que ainda são necessários avanços tanto em relação a essa articulação quanto em relação à ampliação dessas ações, com foco também para outras áreas de extrema importância, a exemplo da educação. Menciono isso, porque o foco dessa assistência ainda está muito vinculado à área de saúde, com mais importância a programas de órtese e próteses, por exemplo.

Considerações finais

Todo o conteúdo apresentado aqui sobre o DUA foi baseado nas Diretrizes para o Desenho Universal para a Aprendizagem, documento traduzido pelo professor Eladio Sebastián-Heredero, publicado na *Revista Brasileira de Educação Especial*, que tem sido uma das principais referências para este assunto.

Observamos ao longo do capítulo que os conceitos de DUA, acessibilidade e tecnologia assistiva são inseparáveis. No caso deste livro, cujo foco é a educação, é possível verificar ainda mais a necessidade dessa articulação, em relação aos sujeitos com deficiência. Mas isso não significa que uma pessoa do PAEE que não tenha deficiência não precise de um recurso de tecnologia assistiva, como uma criança com TEA que não se comunica por meio da fala. Essa criança também precisará de estratégias que tenham ligação direta com a área de tecnologia assistiva.

Por outro lado, esses conceitos aqui trabalhados ainda estão em desenvolvimento e precisam de problematizações o tempo todo. Demos o exemplo de metodologias e estratégias de tecnologia assistiva. Não existe uma definição clara sobre elas, muito embora haja a noção de que estão ligadas ao trabalho de habilitação, reabilitação e/ou pedagógico de pessoas que precisem ou se beneficiem de algum aspecto da área de tecnologia assistiva. A seguir, faço algumas recomendações que considero essenciais para complementar a leitura deste capítulo.

Sugestões de leitura

GALVÃO FILHO, Teófilo. *Tecnologia assistiva*: um itinerário da construção da área no Brasil. Curitiba: Editora CRV, 2022.

MANZINI, Eduardo; FIORINI, Maria Luiza S. Considerações sobre a área de tecnologia assistiva e de educação especial no Brasil. In: MANZINI, Eduardo; OLIVEIRA, Jáima Pinheiro de; GERMANO, Giseli Donadon. *Políticas da e para educação especial*. Marília: ABPEE, 2018.

SEBASTIÁN-HEREDERO, Eladio. Diretrizes para o desenho universal para a aprendizagem (DUA). No documento original: Universal Design Learning Guidelines. Tradução para o português (Brasil): Grupo de Estudos "Pesquisas em Políticas e Práticas Educativas Inclusivas – Reconstruindo a Escola" (GEPPPEI-RE). Universidade Federal do Mato Grosso do Sul (UFMS). *Revista Brasileira de Educação Especial* [online]. 2020, v. 26, n. 4, p. 733-768. Disponível em: <https://doi.org/10.1590/1980-54702020v26e0155>. Acesso em: 11 jul. 2022.

As práticas colaborativas na escola

O trabalho colaborativo dentro da escola (e fora dela também) é uma das únicas formas de alcançar os princípios capazes de tornar uma escola inclusiva. Em qualquer instituição, o trabalho sem colaboração torna tudo mais difícil, mas na escola, sem dúvida nenhuma, ele é imprescindível para que todos os estudantes sejam acolhidos, tenham seus direitos garantidos, participem das atividades, construam e transformem o conhecimento.

Infelizmente, ainda são poucas as referências oficiais existentes sobre esse assunto, de uma maneira que auxilie, pontualmente, como efetivar um trabalho colaborativo. Mas há trabalhos em parceria ou em redes de apoio citados, por exemplo, numa Nota Técnica (n. 9), do Ministério da Educação, Secretaria de Educação Especial, publicada em 9 de abril de 2010. Nos documentos oficiais do AEE, há também um ponto sobre o trabalho do professor responsável por esse serviço, que é o estabelecimento de articulação com os professores de classe comum, para viabilizar, ao máximo, o desenvolvimento de atividades para a participação dos estudantes na escola.

Educação especial

De maneira simples, o trabalho colaborativo é constituído de estratégias pedagógicas em que os professores especialistas da área de educação especial (ou que atuam no AEE) e os professores da sala comum planejem juntos procedimentos mínimos para o atendimento das necessidades dos estudantes do público-alvo da educação especial e, consequentemente, promovam sua participação nas atividades do dia a dia da escola.

A partir da implementação e avaliação constante dessas estratégias, planejadas conjuntamente, é que a participação desses estudantes vai sendo ampliada e aperfeiçoada. Nesse planejamento, pode ser necessário construir recursos diferentes, testá-los, entrar em contato com profissionais que não fazem parte da escola, dentre outros aspectos. Por isso, essa colaboração não deve acontecer somente dentro da escola, mas é fundamental que essa articulação entre sala comum e AEE seja a base de tudo.

Quando digo que não é somente dentro da escola, estou me referindo aos profissionais de outras áreas, como a da saúde, que têm ligação direta com alguns estudantes do PAEE e que, portanto, podem contribuir muito para o trabalho dentro da escola, por meio de assessorias educacionais. Nesse sentido, aqui também serão destacadas algumas dessas possibilidades de assessoria educacional, efetivadas por meio de ações intersetoriais que tenham como foco principal a construção de objetivos comuns para aqueles estudantes que possuem demandas específicas, tais como os atendimentos e acompanhamentos das áreas de saúde e assistência social.

POR QUE O TRABALHO COLABORATIVO É TÃO IMPORTANTE NA ESCOLA?

Pela definição exposta, é possível ter a falsa impressão de que o trabalho colaborativo é apenas a reunião de um grupo de pessoas perante uma tarefa. Não é apenas isso. Nesse trabalho é fundamental que o desenvolvimento ou a implementação das práticas pedagógicas construídas sejam efetivados e, principalmente, avaliados.

Para que funcione, é necessário planejar como o trabalho colaborativo ocorrerá, principalmente com o apoio da gestão escolar, porque na maioria dos casos esses profissionais não se encontram com frequência na escola. É comum um professor de AEE trabalhar em várias escolas e, em alguns lugares, o contraturno previsto na Resolução n. 4, de 2009 é levado muito a sério. São desses tipos de flexibilização que também devemos falar. Como será possível planejar um trabalho colaborativo sem os profissionais se encontrarem?

Além disso, todas as responsabilidades pelos estudantes devem ser compartilhadas entre esses profissionais, com diálogo constante e conhecimento de suas necessidades. A partir daí, estabelecer objetivos comuns será algo mais simples de se alcançar. Isso envolverá questões de acessibilidade e flexibilização curriculares, avaliações diferenciadas, dentre outros aspectos.

Outro ponto fundamental para o qual muitos pesquisadores chamam a atenção é que o trabalho colaborativo pode ser um elemento-chave para a formação permanente de professores. E, por essa razão, chamo novamente a atenção do trabalho da gestão escolar. Se as questões relacionadas à formação permanente (continuada ou em serviço) estão sendo consideradas pela escola, será mais fácil pensar em estratégias de efetivação desse trabalho colaborativo por meio de ações que contribuam para essa formação. Sem dúvida, as ações coletivas tornam-se mais fortes para qualquer tipo de trabalho e são capazes de estabelecer relações de corresponsabilidade pela condução do que for necessário. A seguir, tratarei de dois exemplos bastante específicos que auxiliam em relação ao trabalho colaborativo dentro escola, em assessorias e cursos de formação permanente.

BIDOCÊNCIA E CASOS DE ENSINO

A bidocência (ou coensino) é uma estratégia de trabalho colaborativo bastante conhecida e utilizada em alguns países da Europa. Trata-se de uma parceria efetiva entre os professores da sala comum e do AEE, que fazem um planejamento de como cada um deles atuará. As ações desenvolvidas vão desde o compartilhamento do conhecimento especializado do professor do AEE para o planejamento de aulas da sala comum até a realização de atividades específicas dentro de sala comum, com a presença dos dois profissionais. As ações devem ser planejadas de maneira conjunta, porque cada uma delas vai indicar o modelo para colocá-las em prática.

Educação especial

Um dos instrumentos que auxilia no direcionamento ou na organização desse processo de trabalho colaborativo é o Planejamento Educacional Especializado (PEI) ou Plano de Desenvolvimento Individual (PDI), bastante detalhado no capítulo sobre o AEE.

Uma das referências mais importantes e didáticas existentes no Brasil é o livro *Ensino colaborativo com apoio à inclusão escolar: unindo esforços entre educação comum e especial*, das professoras Enicéia Gonçalves Mendes, Carla Vilaronga e Ana Paula Zerbato. Nesse livro, as autoras indicam as possibilidades de arranjos de sala de aula que os professores podem fazer entre eles, para efetivar essa colaboração. Elas explicam também que não são modelos que obrigatoriamente devem ser seguidos, mas sim modelos flexíveis e que, a partir deles, os professores podem pensar em outros tipos de trocas ao longo do trabalho. Nesses modelos, as pesquisadoras indicam até mesmo as possibilidades de disposição e organização da sala de aula que podem facilitar esse trabalho. A seguir, fiz um esquema para exemplificar um dos modelos indicados por elas.

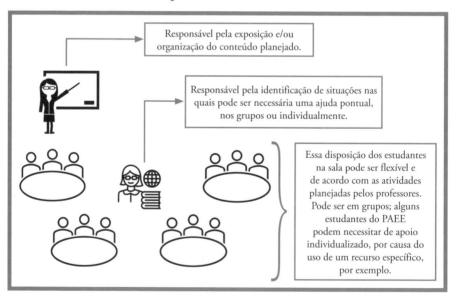

Já os casos de ensino – nossa segunda estratégia para um trabalho colaborativo – são definidos como uma ação específica para formação docente. Então, eles são fundamentais no trabalho da equipe escolar, principalmente, em relação à formação permanente dessa equipe. Observe que o coensino ou a bidocência é um trabalho mais direto na sala de aula, e os casos de ensino são estudos para efetivar esse trabalho. Toda escola que pretende construir uma perspectiva inclusiva deve se pautar tanto no estudo permanente quanto em ações que coloquem em prática essa formação permanente.

De maneira específica, os casos de ensino são compostos por narrativas que envolvem situações específicas vivenciadas no cotidiano escolar. Quando as formações são planejadas, essas narrativas podem ser de situações reais ou fictícias, pois o importante é a apresentação delas e, fundamentalmente, as discussões geradas a partir desses relatos. Nessas situações, cada um terá uma forma de interpretar ou de tentar resolver essas situações que normalmente vêm com questões que possibilitam refletir sobre a prática.

Um exemplo clássico para situações que envolvem formação de professores e inclusão escolar são os relatos de professores que receberam pela primeira vez um estudante com deficiência na sua classe. Eles descrevem como conseguiram lidar com essa situação desde o início: os tipos de apoios que receberam (ou não), as estratégias adotadas desde a recepção do estudante até o momento em que ele já estava engajado na turma, dentre outros aspectos.

Quando o professor ouve cada um desses casos, é possível pensar e compartilhar várias possibilidades para resolver questões em relação a situações semelhantes. E esses encontros são tomados por uma riqueza de aprendizagem profissional indescritível. Quando realizamos esses encontros com essa estratégia, os próprios professores se surpreendem com a forma como lidaram com a situação, pois às vezes nunca tinham parado para analisá-la estando "fora dela".

> A pesquisadora Maria da Graça Mizukami é uma das autoras brasileiras que temos como referência em relação ao estudo dos "casos de ensino". Ela considera os pressupostos adotados por Lee Shulman, uma grande referência norte-americana para os estudos sobre ensino, formação de professores e avaliação do ensino.

Conforme mencionei, no Brasil ainda são poucos os pesquisadores que se dedicam aos estudos de "casos de ensino", mas a literatura internacional é bastante vasta tanto em relação ao conceito quanto em relação às formas de uso dessa estratégia. Vale a pena conferir. Atualmente, estou coordenando um projeto de extensão de formação permanente de professores

Educação especial

dos vales do Jequitinhonha e Mucuri, com foco para o processo de inclusão escolar, e nossa equipe está utilizando essa estratégia com um retorno muito satisfatório.

É possível identificar os momentos nos quais os professores articulam aspectos da teoria e da prática, refletindo sobre hipóteses pessoais em relação a essas articulações, assim como a relação delas com as práticas pedagógicas do dia a dia. É muito interessante também como nessas articulações aparecem elementos de diversas dimensões do contexto escolar: a exemplo da gestão, da comunidade, do currículo, dentre outros.

Nesse sentido, sempre gosto de enfatizar que a profissão de docente exige uma gama de competências e saberes que ultrapassam a formação inicial desse profissional e que estão presentes o tempo todo no exercício diário da profissão. Essas competências e saberes docentes já foram apontados, exaustivamente, na literatura especializada, conforme mencionado em capítulos anteriores. Muitos pesquisadores alertam para o fato de que temos saberes advindos da formação acadêmica ou inicial, mas eles sempre serão complementados pelos saberes advindos da prática docente. A articulação entre esses saberes é que produz novos conhecimentos ao longo dessa prática, e por isso é tamanha a importância de compartilhar esses saberes por meio do trabalho colaborativo.

Agora, com esses conceitos mais claros, será possível compreender melhor que é muito complicado trabalhar todo esse conteúdo, pela sua grande densidade, em uma única disciplina de 60 horas, em especial o conteúdo relacionado às políticas públicas educacionais. Mas esse é o cenário mais comum encontrado na formação de professores, que tem ainda, é claro, a disciplina obrigatória de Língua Brasileira de Sinais, geralmente também com 60 horas, e cujo objetivo é fornecer uma noção introdutória em relação a essa língua e à surdez.

No caso de professores que atuam com crianças pequenas o cenário é ainda pior, pois os cursos de Pedagogia não contemplam esse conteúdo focado na educação infantil e nos anos iniciais do ensino fundamental de forma satisfatória.

Reitero que não podemos esquecer que a gestão escolar deve ser parte primordial do planejamento escolar para apoiar essas ações colaborativas. É ela que guiará um trabalho coletivo junto aos professores para apoiar essas práticas pedagógicas e estabelecer um foco de gestão que considere uma perspectiva inclusiva, para eliminar qualquer possibilidade de exclusão na escola. Aqui falo do PAEE, mas isso deve ser compreendido para todas as diferenças.

AS ASSESSORIAS COLABORATIVAS E A INTERSETORIALIDADE

No capítulo anterior, mencionei a importância da intersetorialidade. Na escola, os principais setores envolvidos são os de saúde, educação e assistência social. Então, as ações intersetoriais se materializam nas ações entre eles. Quando consideramos as ações intersetoriais voltadas para as pessoas com deficiência, especialmente para as crianças com deficiência, notamos que, embora estejam garantidos no plano legal, existem ainda inúmeros desafios.

Em função da complexidade que a instituição escolar traz em sua constituição e na rotina e, igualmente, da complexidade de fatores que estão presentes nos processos de desenvolvimento e formação humana, essa assessoria perpassa por inúmeras esferas e pelas mais distintas demandas, que requerem, a todo momento, a articulação entre diferentes saberes profissionais. Por isso, dificilmente uma única profissão consegue assessorar o professor e/ou a equipe escolar sem lançar mão de ações que envolvam práticas colaborativas.

Mas os profissionais que não atuam dentro da escola, por vezes, possuem uma formação completamente diferente, especialmente aqueles vinculados à área de saúde. Então, um dos primeiros aspectos que deve ser observado é que estes profissionais devem acolher as demandas escolares, tendo em vista que não estamos diante de queixas eliminar compreendidas ou marcadas pelas dificuldades de aprendizagem. Nesse sentido, não se deve propor a essa assessoria uma concepção de fracasso escolar que culpabilizava o aluno e sua família, com justificativas relacionadas aos problemas psicológicos, biológicos, orgânicos e socioculturais. Hoje essa assessoria deve ser pautada nos princípios de suporte educacional com vistas à participação de todos os estudantes nas atividades escolares, tendo ou não uma condição de deficiência.

Educação especial

Especificamente sobre a Fonoaudiologia, essa perspectiva é reforçada com a Resolução do Conselho Federal de Fonoaudiologia n. 387, de 2010, que recomenda o desenvolvimento de ações com foco para a elaboração, acompanhamento e execução de projetos, programas e ações educacionais. Esses programas devem, por sua vez, favorecer o desenvolvimento de habilidades e competências dos professores e dos escolares e, consequentemente, os processos de ensino e de aprendizagem.

Isso significa que a assessoria educacional fornecida pelos profissionais de saúde deve ter como meta auxiliar os professores a otimizar a participação dos estudantes na sala comum, e não os retirando dela ou da escola. Ainda que haja um estudante que necessite de atendimento clínico individual, esse procedimento deve ter essa participação como meta em seus objetivos de curto, médio e longo prazos. Não é mais possível desvincular essa assistência individual dos contextos de participação desse sujeito. A tarefa destinada a ele, independentemente do tipo de atendimento (individual ou grupo), deve sempre articular os objetivos dela com os contextos de participação social. Sem isso, esse atendimento não fará o menor sentido e os benefícios serão vistos apenas em ambiente clínico.

Por essa razão, quando um profissional da área de Fonoaudiologia, por exemplo, avaliar, selecionar e implementar um sistema de comunicação alternativa para um estudante que fala pouco ou que não fala, esse sistema deverá também ser articulado às atividades nos demais ambientes que esse sujeito frequente ou participa, fundamentalmente, nos ambientes domiciliar e escolar. Para isso, esse profissional terá que ter como meta atividades que contemplem uma assessoria escolar. Essa assessoria vai exigir diálogo e planejamento com o professor, caso contrário esse sistema não será utilizado na escola.

Esse diálogo envolve muita conversa, pois o professor e o fonoaudiólogo precisarão trocar conhecimentos específicos sobre suas rotinas para que seja possível estabelecer um objetivo comum e planejar uma atividade de uso do recurso de comunicação alternativa na atividade pedagógica prevista no planejamento do professor. Esse é um exemplo de um tipo de assessoria com materialização direta. Mas pode ser apenas o começo desse trabalho para que esses profissionais se conheçam e

122

As práticas colaborativas na escola

conheçam o que precisam desenvolver com os estudantes que possuem demandas mais específicas.

Digo que é só o começo porque essa assessoria pode ser ampliada para outros profissionais, a exemplo de oferecer treinamento aos profissionais da escola para uso desses recursos de comunicação alternativa, a fim de que todos conheçam esse estudante.

Essa assessoria pode se materializar também auxiliando a organização de uma rotina do atendimento educacional especializado (AEE), por meio da sistematização de demandas, de avaliações específicas (de linguagem, por exemplo), da necessidade de recursos de tecnologia assistiva, garantindo a continuidade do planejamento educacional dos estudantes com deficiência e outras demandas. Essa assessoria no planejamento pode estar ligada à construção do PEI.

Isso vai requerer desse profissional uma maior participação em atividades da equipe escolar, só então será possível um acompanhamento sistemático e contínuo das ações construídas e, principalmente, um maior conhecimento da instituição e de seus atores. Durante a construção desse conhecimento, é comum surgirem outras necessidades que podem demandar ações de formação continuada e/ou permanente para professores e outros profissionais da equipe escolar. Dessa forma, será possível também multiplicar conhecimentos sobre assuntos específicos de relevância para a rotina da instituição. Um exemplo clássico é a obtenção de informações para ter acesso aos recursos de tecnologia assistiva junto a outros setores do município. Isso deve fazer parte da rotina da escola que considera um trabalho com perspectivas colaborativa e inclusiva.

Dei alguns exemplos mais específicos da área de Fonoaudiologia, mas a presença de um terapeuta ocupacional nessas equipes é bastante comum também e desempenha funções primordiais, pois auxilia no processo de indicação, seleção e adaptação de recursos de tecnologia assistiva. Esse auxílio pode ser direto (com os estudantes) ou indireto (junto aos professores).

Faz parte dessa rotina também a adaptação de mobiliário escolar, prescrição e adaptação de cadeiras de rodas e de outros materiais específicos, tais como: engrossadores de lápis, tesouras adaptadas, quadros imantados, adaptação de jogos infantis, dentre outros. Nesse sentido, o trabalho

Educação especial

em equipe é de extrema importância, porque pode envolver a construção dos objetivos, dos materiais (e seus usos) nas mais diversas situações que envolvem interações entre estudantes e esses materiais, entre estudantes e professores, entre estudantes e seus pares e entre estudantes e familiares.

É nessa direção que têm avançado os trabalhos de assessoria educacional, com foco para as profissões que oferecem suporte para os processos de desenvolvimento e formação humana ligados diretamente com as situações ou condições dos processos de ensino e de aprendizagem, em contexto escolar.

Reitero que há situações nas quais o conhecimento especializado é necessário, em que os profissionais de saúde podem lançar mão, por exemplo, de instrumentos de triagem ou de avaliação. Mas essas ações devem ter como meta um direcionamento para as práticas de assessoria que serão realizadas frente às demandas escolares, e os resultados devem ser interpretados apenas como uma das diversas dimensões envolvidas nesse processo de avaliação ou diagnóstico. Muitas dessas ações têm sido realizadas assim, tentando utilizar todos os resultados como suporte para o planejamento dos professores, permitindo que eles tenham uma ampliação de suas compreensões e percepções sobre a diversidade presente no ambiente escolar e, principalmente, que se reduza a demanda que inicialmente parece ser clínica.

Essas situações que têm necessidades específicas e clínicas são em menor frequência, pois os dados constantes na literatura especializada da área mostram que menos de 10% do público-alvo da educação especial precisa de intervenções focadas ou intensivas voltadas a esse sujeito também fora da sala de aula comum.

Considerações finais

Comecei e termino este capítulo reiterando que é só por meio do trabalho colaborativo dentro da escola (e fora dela também) que conseguiremos alcançar os princípios capazes de tornar uma escola inclusiva. Esse trabalho é imprescindível para que todos os estudantes participem das atividades propostas, para que construam e transformem o conhecimento.

Para isso, precisamos lançar mão de estratégias que sejam planejadas conjuntamente tanto pelos professores principais envolvidos (especialistas da área de educação especial e professores da sala comum) quanto por outros profissionais. Destaquei aqui alguns profissionais da área de saúde, pois a intersetorialidade deve estar presente no trabalho colaborativo. Somente a partir desse trabalho conjunto é que a participação desses estudantes será ampliada e aperfeiçoada.

Dessa forma, não se pode perder de vista, em nenhum momento, que as práticas colaborativas podem ocorrer dentro e fora do ambiente escolar e devem sempre ter como objetivo central otimizar os trabalhos da escola, pois é nessa instituição que os estudantes passam a maior parte de seu tempo.

Sugestão de leitura

NONO, Maévi; MIZUKAMI, Maria da Graça. Casos de ensino e processos de aprendizagem profissional docente. *Revista Brasileira de Estudos Pedagógicos*, Brasília, v. 83, n. 203/204/205, pp. 72-84, 2002.

A autora

Jáima Pinheiro de Oliveira é professora da Faculdade de Educação (FAE) da Universidade Federal de Minas Gerais (UFMG). É bolsista produtividade (PQ 2) do Conselho Nacional de Desenvolvimento Científico e Tecnológico (CNPq) e pesquisadora do Grupo Deficiências Físicas e Sensoriais (DefSen/CNPq). Possui mestrado em Educação Especial pela Universidade Federal de São Carlos (UFSCar) e doutorado em Educação pela Universidade Estadual Paulista Júlio de Mesquita Filho (Unesp).

GRÁFICA PAYM
Tel. [11] 4392-3344
paym@graficapaym.com.br